DESPERTANDO EN UN INSTANTE DE CONCIENCIA

DESPERTANDO EN UN INSTANTE DE CONCIENCIA

OMAR PEÑA GRAU

DEDICATORIA:

A todos los gigantes de la historia de la conciencia, que nos legaron

una semilla de sabiduría…

…y, en lo personal, para Carmen, Tamara, Carola, Matías y Camila,

que vivencien en un instante de Conciencia, el Amor que lo cubre todo.

"Nos encontramos dentro de un

dominio cognoscitivo del cual no

podemos salir, o decidir dónde

comienza o cómo se crea"

F. Varela

"Lo pequeño es hermoso"

E. F. Schumacher

NOTA DEL AUTOR

La Comisión Nacional de Investigación Científica y Tecnológica (CONICYT) tiene a su cargo realizar anualmente un programa de divulgación científica, para lo cual organizó recientemente la X Semana Nacional de la Ciencia y Tecnología durante el 4 al 10 de octubre de 2004. Es el "evento más importante de divulgación científica del país". En esta ocasión, el tema marco del programa fue la Biotecnología. Uno de los paneles a desarrollar en "la semana" son las charlas "1000 científicos, 1000 aulas", en que grupos de científicos e investigadores difunden las diversas facetas de la ciencia a las instituciones educativas. En tal programa de EXPLORA-CONICYT le correspondió al autor presentar la charla-taller "EL UNIVERSO EN UN INSTANTE DE CONCIENCIA". En ella, el tema se desarrolla considerando el cambio de paradigma desde el enfoque de la importancia de la eficiencia en el mejoramiento de las máquinas (visión fotográfica) hacia la eficiencia en la forma de "percibir" y "hacer" las cosas (visión holográfica). De allí surgen dos preguntas que encierran la orientación del tema de este libro: ¿Qué opinión tiene la Ciencia frente a los cambios de percepción? y ¿cómo se aplica la tecnología en las diversas formas de vida y actividades?

El despliegue del tema iniciado con EL UNIVERSO EN UN INSTANTE DE CONCIENCIA, permite darnos una visión y comprensión de lo que encierra el estudio de la estructura de la conciencia en un modelo de la percepción de la realidad. Gran parte de nuestras experiencias conscientes permanecen ocultas en nuestro interior. Sin embargo, si lo deseamos, todos poseemos un gran potencial de la conciencia esperando salir a la luz. Satisfacer estas necesidades, es el principal propósito del libro ESPACIOS DE LA MENTE, que contiene todos los elementos, métodos y técnicas que llevarán al lector, si se lo propone, a alcanzar la trascendencia del espacio, del tiempo y de la identidad, que le permitirán conocer, comprender y experimentar su propia evolución espiritual.

El libro EL UNIVERSO EN UN INSTANTE DE CONCIENCIA tiene por finalidad, prepararnos para el cambio de paradigma que emergerá en el desarrollo de las prácticas descritas en alguno de los libros del autor, como la obra ESPACIOS DE LA MENTE: Un Modelo Constructivista[1].

Ahora, DESPERTANDO EN UN INSTANTE DE CONCIENCIA, contempla la selección del libro mencionado más arriba, más el ensayo *El despertar a la transformación*, cuyo proceso intenta hacerlo meditar sobre cómo el hombre ha

---

[1] Se refiere también a los libros *Cambio de sentido (2006)* y, a *Explorando el cambio de conciencia (2016)*.

permanecido sobre tinieblas, de cómo recorrer el camino que lo lleve a la comprensión y desarrollo de su conciencia de maestro, iniciarlo en los procesos de la mente, conocer las actividades y campos relacionados con la conciencia, orientar sus metas y esperanzas a través de técnicas específicas, de quién es al transformarse en maestro, de cuál será el efecto de este cambio en su forma de vida y en la sociedad actual, en qué se convertirá la futura humanidad, de cuál es el proceso que lo guiará hacia la plenitud de su ser, adquirir nuevos modos de lenguaje, percepción, pensamiento y actuación en su vida que lleven a su conciencia en desarrollo hacia la auténtica felicidad, adquisición de nuevos enfoques y conceptos de la ciencia que expliquen de mejor forma los fenómenos de la realidad, conocer las fases del proceso creador, alcanzar la iluminación.

OMAR PEÑA G.

ÍNDICE

(A) EL DESPERTAR A LA TRANSFORMACIÓN

(I) El proceso de transformación

(II) Hacia una forma de vida consciente.

(B)   EL UNIVERSO EN UN INSTANTE DE CONCIENCIA

(A) EL DESPERTAR A LA TRANSFORMACIÓN

PRESENTACIÓN

Hay que reconocer que la mejor forma de experimentar las ventajas de vivir el proceso de cambio se da en nuestra diaria existencia. No necesitamos esperar asistir a un grupo de encuentro para manifestar un cambio de actitud. Sólo en nuestro comportamiento habitual tenemos la oportunidad de expresar nuestra aceptación del cambio. Así, tenemos que responsabilizarnos de nosotros mismos y encontrarle un sentido a lo que hacemos o recibimos de los demás: en las instrucciones, en las lecturas, en las obligaciones y tareas, en nuestras reflexiones, en las interacciones de opiniones, etc. De ahí que podemos decir que no existe ni existirá una cátedra de la vida y en ninguna escuela es posible que se enseñe a vivir de una determinada manera, sino que el aprendizaje de la vida se aprende en la "universidad" de la propia vida".

SER Y VIVIR, es entonces el comienzo de este proyecto y por ello, puede tener imperfecciones que deben irse corrigiendo a medida que se vaya revelando este SER, y vayamos comprendiendo su lenguaje y FORMA DE VIDA para establecer una fértil comunicación con él, y llegar así a "despertar" y comenzar realmente a VIVIR.

SER Y VIVIR está estructurado de tal forma que el individuo participante (actor) vaya percibiendo el "Proceso de Ser" como también cual es la "Forma de Vida" que debe adoptar para ir evolucionando hacia una nueva orientación de la sociedad que lleven al hombre al pleno desarrollo de su interioridad (sí mismo).

SER Y VIVIR se divide en siete pasos asimilados como estados de conciencia de este proceso de transformación (motivación, iniciación, aprendizaje, desarrollo, maestría, meditación e iluminación).

O.P.G.

INTRODUCCIÓN

Este proceso, de Ser y Vivir la transformación de la conciencia, intenta hacerlo meditar sobre cómo el hombre ha permanecido sobre tinieblas, de cómo recorrer el camino que lo lleve a la comprensión y desarrollo de su conciencia de maestro, iniciarlo en los procesos de la mente, conocer las actividades y campos relacionados con la conciencia, orientar sus metas y esperanzas a través de técnicas específicas, de quién es al transformarse en maestro, de cuál será el efecto de este cambio en su forma de vida y en la sociedad actual, en qué se convertirá la futura humanidad, de cuál es el proceso que lo guiará hacia la plenitud de su ser, adquirir nuevos modos de lenguaje, percepción, pensamiento y actuación en su vida que lleven a su conciencia en desarrollo hacia la auténtica felicidad, adquisición de nuevos enfoques y conceptos de la ciencia que expliquen de mejor forma los fenómenos de la realidad, conocer las fases del proceso creador, alcanzar la iluminación.

(I) El Proceso de Transformación

El conocimiento del proceso al menos de carácter general, es y debe ser imprescindible más para el aprendiz que para el iniciado, quien ya posee su propio estilo de ser y vivir.

Ahora bien, para llegar a establecer en el individuo una forma de vida y estructura del ser adecuada, éste debe cambiar.

La transformación del individuo requiere que su conciencia experimente un proceso de cambio cuya "liberación" de la condición estática en que se encuentra, se desarrolla en el proceso de la vida. Este proceso de SER, puede dividirse en siete pasos o estados de conciencia bien definidos.

El primer estado, conciencia de **motivación**, comienza en el momento en que se produce en nosotros una alteración de nuestra realidad ordinaria, de tal modo, que afectan la percepción, pensamientos y actuación del individuo. Aparece entonces en nuestra psiquis por primera vez la pregunta ¿qué es la realidad? Con ella se origina un fuerte impulso (motivación) orientado a encontrar una respuesta satisfactoria. Sin este primer paso, permaneceríamos en una situación de pasividad que involucraría una detención o retroceso del crecimiento y desarrollo de la conciencia del SER.

El segundo estado, conciencia de **iniciación**, persigue la búsqueda de la verdad en todos los campos que guardan relación con el "objeto" de nuestra investigación. Aquí comenzamos a vislumbrar el sentido que orienta la visión de saber al menos hacia dónde vamos en lo que se refiere a la estructura del Ser y del comportamiento del mismo en un futuro próximo.

El tercer estado, conciencia de **aprendizaje**, en donde el sujeto establece las necesarias relaciones de asociatividad, produciéndose un vínculo de acercamiento o unión con los sucesos, personas, palabras o cosas, quienes pasan a tener influencia en su comportamiento al atribuirles éste un carácter de "autoridad" adoptando el individuo un carácter recíproco de "sumisión" a ese poder. Una vez establecida la conciencia asociativa, el individuo comienza un proceso de aprendizaje programado. No solo sus percepciones y pensamientos están condicionados por los "sistemas de sumisión" mientras permanece en conciencia asociativa, sino que también sus acciones están "programadas" a una actitud preestablecida.

En el cuarto estado, conciencia de **Desarrollo**, el individuo, en este ir y venir, tratando de unificar los procedimientos, empieza a tomar conciencia de que ninguna técnica de aprendizaje puede llevarlo a la comprensión de la verdad, sino que ésta comienza a develarse justamente cuando él se libera de las técnicas, no estando sometido a un esquema rígido y, más aún, debe sentirse libre de toda necesidad de aprendizaje y de búsqueda para poder ingresar al reino de la fase "interna".

El quinto estado, conciencia de **maestro**[2], hace que el sujeto comienza a percibir y sentir que posee en su interior potencialidades manifestadas exteriormente a través de su comportamiento individual y social. Aquí podemos considerar que comienza la segunda fase "interna" haciendo abandono de la fase anterior "externa". En esta última, el individuo tomaba contacto con distintas formas de vida y técnicas de desarrollo personal. El sujeto puede fácilmente establecer una separación entre los diversos estados de conciencia. En cambio en los tres últimos estados (maestro, meditación e iluminación), de la fase "interna", tal separación se funde en una "unidad de conciencia" siendo así imposible establecer la fragmentación de la conciencia.

En el sexto estado en que se encuentra el individuo, conciencia de **meditación**, su percepción de la vida, tiene un sentido diferente, trascendental y sufre una transformación, sin búsqueda ni empleo de técnicas permanecemos en una actitud de silenciosa vigilancia antes que en un estado de reflexión y planificación. Adoptamos un estado de vacío de la mente. Es un estado similar al proceso que ocurre durante el acto de creación, en el cual se "paran" las percepciones y pensamientos, dejando "libre" a la mente para que se "llene" de luz de entendimiento e ingresar de lleno al séptimo estado (conciencia de **iluminación**).

Veamos a continuación el desarrollo de estos pasos o niveles de conciencia.

PRIMER PASO: ¿PERCIBO LA REALIDAD TAL CUAL ES?

Siempre había pensado que la realidad era un hecho objetivo, independientemente del sujeto observador. Suponía que existía una completa separación de la dualidad sujeto-objeto. Sin embargo, con el correr del tiempo, mi posición ha ido experimentando un proceso de cambio y actualmente reconozco que no existe tal dualidad, sino más bien que nuestro campo de percepción habitual, "finge" ver la realidad pero en ciertas ocasiones, llámese percepción extrasensorial, intuición,

---

[2] Según F. Varela, en la conciencia de presencia plena, el cuerpo y la mente se unen y trabajan coordinadamente, cuyo resultado es una maestría o "presencia plena con los actos de un experto"

efectos de sincronicidad u otro fenómeno psíquico, estamos en un estado de conciencia especial que se manifiesta en vivencias fuera de lo normalmente aceptado como realidad. Durante el transcurso de nuestra vida, en numerosas oportunidades, estamos en contacto con estas "otras realidades", pero a menudo pasan desapercibidas o las calificamos como hechos fortuitos y casuales. Pero si analizamos profundamente las circunstancias que motivaron tales experiencias, se obtienen importantes elementos que favorecen la producción de estos sucesos (factores psicológicos, motivaciones, estados de conciencia, etc.) y diversas formas en que se manifiestan. "Los mecanismos corrientes que forman parte de este proceso son: un mecanismo de medida del tiempo inconsciente que nos conduce al lugar justo en el momento justo; la capacidad de recordar y olvidar selectivamente; equivocaciones que finalmente se convierten en ventajas; ideas o asociaciones súbitas que desencadenan o liberan reacciones o pensamientos por otra parte "preparados" ya."

La variedad de diversas realidades es múltiple, y se presenta a veces de un modo solo aceptable al conocimiento de las fronteras de la ciencia, y se desechan habitualmente en la ciencia oficial por la dificultad de someterse al rígido y estático método científico ya que para que generalmente ocurran tales fenómenos es necesario que exista una amplia libertad psicológica, lo que no acontece durante el proceso de observación científica. Es la misma situación que ocurre cuando queremos recordar algo o un examinador se acerca al sujeto y, éste siente la presión autoritaria de aquel olvidando todo lo que sabe, hasta el momento en que se sienta libre de tal sugestión y sólo entonces, dará rienda suelta a toda su creatividad e imaginación.

En otras ocasiones, ocurren sucesos extraños incluso para quien esté acostumbrado a ellos, por lo que no queda más que guardarlos silenciosamente, en completa reserva. Se reconoce que prácticamente todos tenemos participación de diversas realidades de este tipo y sin embargo si se nos pidiese revelarlas, solo una fracción de ellas daríamos a conocer a otras personas, seguramente debido a un temor ancestral a lo desconocido y también al hecho de que normalmente rechazamos la idea de que podemos influir mentalmente en los sucesos habituales. Sin embargo, como señala Ryzl, "existe una Reacción Instrumental Mediada por PSI (RIMP), en donde, la PES opera en la vida diaria sin recurrir a estados alterados de conciencia, meditación, hipnosis, etc., sino que se estimula su funcionamiento mediante factores emocionales fuertes, como la adhesión emocional, la necesidad de la propia conservación, los sucesos de interés personal o el interés especial. Sin embargo, la RIMP solo puede operar cuando existe suficiente flexibilidad en la reacción de la persona. El estímulo de la PES no puede operar si el comportamiento de la persona está pre-programado de un modo rígido (por ejemplo, un horario diario muy preciso que no permite variaciones); cuando está estereotipado (la misma acción se repite siempre de un modo idéntico), o cuando las reacciones están encadenadas en una sucesión fija."

Por otra parte, cuando todo no marcha bien y nos sentimos perjudicados, pudiera deberse a lo que se conoce como un efecto de "fallo del PSI". "Originariamente fue descubierto en los experimentos cuantitativos con personas que no creían en la PES, aunque más tarde se descubrió que está bastante extendido y se haya siempre asociado con actitudes negativas (incredulidad, adversidad, frustración, etc.). Hace que la persona en cuestión utilice involuntariamente la PES para obtener la información errónea (utilizar la PES para fallar el objetivo, de ahí el nombre). Parece ser que la mejor manera de evitar el fallo del PSI es, en primer lugar, asegurarnos de que estamos en un estado de ánimo positivo."

Algunas situaciones nos hacen ver que probablemente la realidad que percibimos no sea el significado que conscientemente le damos, sino más bien, puede esa "realidad" estar influenciada por factores inconscientes que no alcanzamos a percibir en su totalidad debido a que vemos fragmentariamente lo que queremos ver, motivado por nuestras propias creencias.

Entonces veamos algunas manifestaciones de estas "formas de la realidad".

1. Atención Sensorial: Una limitación de la conciencia.

Una característica novedosa de la conciencia es la facilidad de establecer un grado de atención creciente hacia un objeto con la participación de solo uno de los órganos sensoriales paralelamente presentando una des-atención de las demás realidades por parte del resto de los sentidos. Así por ejemplo, en un momento determinado estamos en un estado de conciencia visual, limitando o reduciendo al mismo tiempo la percepción auditiva, como sucede al estar concentrados en un libro. Esta situación produce un efecto de **inhibición del campo de la conciencia,** puesto que los estímulos predominantes no permiten al individuo "darse cuenta" de estímulos externos-internos que pueden estar afectándole a un nivel inferior al necesario para "despertar" a otra realidad perceptiva. De ahí que, una forma de percatarse de estos estados de "percepción interna", sería la de ir silenciando la mente mediante un proceso de "privación sensorial" en la que se intenta alcanzar un estado mental de relajación (dejar la mente en blanco) en el que se interrumpen todos los pensamientos mediante el bloqueo de la corriente de estímulos sensoriales. Esto se consigue en la meditación concentrando la atención o el pensamiento en diversos estímulos, como señala Ryzl, "repetición monótona de oraciones o de sílabas sagradas (mantras); escuchar música de cadencia lenta, o contemplar pinturas con dibujos complejos (mandalas); koans (afirmaciones o preguntas paradójicas que no tienen ningún sentido); contemplar en silencio una pared blanca; observación introspectiva de los propios procesos de pensamiento, o girar simplemente la mente "hacia adentro", y gradualmente concentrar su pensamiento tan sólo en esa dirección y olvidarse de todo lo demás".

En el estado meditativo llega un momento en que se produce un efecto de unión sujeto-objeto y ya no existe conciencia de atención sensorial sino que se presenta una situación de "conciencia de la conciencia" o "conciencia del sí mismo". Todo esto nos lleva a concluir que si bien se utiliza la atención como un medio de lograr el estado meditativo, se intenta alcanzar un estado de des-atención sensorial que permita obtener la ansiada liberación de la conciencia.

El proceso de meditación, probablemente puede resumirse del siguiente modo: En condiciones normales el individuo cambia permanentemente su atención desde un órgano sensorial a otro, estableciendo simultáneamente con ello **una limitación de la conciencia** al no dar lugar a que ésta se libere de la prisión sensorial. La concentración de la atención en un estímulo inhibe la acción de los órganos sensoriales que están fuera del campo de atención. En algún instante de la meditación se produciría una especie de des-atención del estímulo meditativo y dado que los demás sentidos están inactivos, no es posible producir un cambio de percepción sensorial, sino que se obtiene un estado de "vacío mental" transitorio, de contemplación, de aislamiento sensorial, de inhibición del pensamiento que facilitan la expresión del sí mismo y de las potencialidades interiores del Ser.

2. El Ritual de la Luna

Recuerdo el gran impacto que me causó una violenta alteración de mi estado de salud. Alrededor de los nueve años presentaba un cuadro de verrugas en mis manos que, prácticamente era imposible eliminarlas. Sucedió, entonces, que se me reveló "un secreto que hará desaparecer" las verrugas. El procedimiento utilizado fue seguir un ritual: durante una noche de Luna llena, al irme a dormir, previamente debía observar la Luna repitiendo tres veces la frase "Luna, lunita, sácame esta verruguita". Lo más increíble fue percatarme días después que no había rastros de las verrugas.

Existen varias variantes de este ritual. Según P. Watzlawick, "se puede quitar a un niño las verrugas, mediante el recurso de "comprárselas". Se le da una moneda por su verruga declarando que es ahora de la persona que la compró".

3. El perro viajero.

Teníamos un perro muy juguetón, especialmente con mi padre, quien salía a pasear diariamente con él. Un día se lo llevaron en camión a unos 50 km. de distancia. Sufrimos esa pérdida, deseándolo volver a verlo nuevamente. Pasaron entre tres a cuatro días, apareciendo de forma inesperada y sintiéndose también como nosotros muy contentos de encontrarnos nuevamente. No podíamos explicarnos el gran sentido de orientación de nuestro perro para poder regresar desde tan lejano lugar. Después de esta experiencia, decidimos quedárnoslo con nosotros hasta el fin de sus días.

4. Necesidad de un empleo.

Al finalizar mis estudios universitarios anduve un período de tiempo buscando empleo dejando currículum en varias instituciones. Posteriormente me dediqué a otras actividades ajenas a mi profesión. Después de varios meses de aquella búsqueda, un hermano viajó a efectuar su práctica profesional al lugar en donde había dejado mis antecedentes. Le sugerí que pasara sólo a una institución específica a consultar si existían vacantes. Me envió un telegrama comunicándome que no le había ido bien en esto. Así, por un instante, permanecí desanimado y apesadumbrado, hasta que al día siguiente recibí un telegrama desde la institución, comunicándome la existencia reciente de una vacante, debiéndome presentar en ella. Las sincronicidades producidas en este suceso fueron: el viaje repentino de mi hermano, la insistencia que visitara sólo esa institución, la vacante adecuada a los requisitos solicitados para mi presentación.

5. Sistemas de modelos y módulos.

Se había iniciado en el país un sistema de apuestas de pronósticos deportivos. Comenzamos con un grupo de personas a jugar sin resultados positivos. Empecé a darle vueltas y vueltas a la idea de que debiera existir un método para mejorar el puntaje, sin incrementar los gastos en dinero. Este "problema" seguía germinando en mi conciencia hasta que decidí abandonar la idea de encontrar una solución. Entonces, una noche, súbitamente sin estar pensando conscientemente en ello, emergió, como un relámpago de iluminación, un juego de "modelos y módulos" que bajo ciertas reglas mejoraba sustancialmente el puntaje buscado. Hasta que llegó el momento que acertamos el máximo puntaje requerido. Años después me enteré que aparecieron métodos similares tanto nacionales como internacionales.

Un método similar fue el desarrollado en el lugar de mi trabajo. Estábamos desarrollando un estudio especial con un enfoque tradicional aplicado en años anteriores. El estudio requería intensos períodos de concentración y análisis. En un momento particular de este proceso estaba en un estado de insatisfacción por los resultados esperados que requerían una definición inmediata cuando repentinamente emerge una claridad en mi mente, de cómo debía resolverse el "problema" que dejaba obsoleto la forma tradicional en que se venía efectuando. Este proceso tiene todas las características del acto de creación: pensamiento intensivo, abandono de tal actividad e iluminación.

Como vemos, el proceso de modelos y módulos reseñado acá es la base de la metodología del proceso autonómico de meditación descrito en la primera parte de este texto.

6. Las llaves de mi reino.

Cierto día, la empleada doméstica que trabajaba en nuestra casa, sin avisarnos abandonó nuestro hogar llevándose las llaves que le habíamos proporcionado. Luego tratando de recuperarlas, intentamos ubicar su domicilio, pero circunstancialmente su familia se había trasladado a un lugar desconocido. Esta situación nos provocó malestar, por la imposibilidad de solucionar el problema. Olvidado el percance, sin preocupación alguna, un día repentinamente pensé con urgencia ir a una institución, que efectuaba las erradicaciones de poblaciones, para verificar la dirección a donde pudiese haberse trasladado esta persona. Fui rápidamente a la institución en la cual no se encontró en sus archivos antecedentes de ella. En ese instante me voy retirando sin esperanza alguna y una persona me detiene por un momento para "revisar otros archivos más antiguos". Después de mucho esperar, vuelve diciendo que no existen datos de la persona buscada. Entonces ahora si decido irme del lugar. Grata sorpresa fue que al ir a tomar ascensor, aparece en él los familiares de quien tanto buscaba y con ello resolví el problema.

7. La casa que emerge.

Tenía urgencia de encontrar una vivienda para arrendar. Un amigo al que había comunicado esto, fue a visitar a un familiar que hacía mucho tiempo que no veía. Mientras departían, habló de mi problema y una persona que "casualmente" se encontraba allí, señaló que disponía de una vivienda que acababa de ser deshabitada, pudiendo ser arrendada inmediatamente. En otra oportunidad deseaba encontrar una vivienda similar a la aparecida en una fotografía. Al ir a visitar una que estaba disponible, sin conocerla, me sorprendió la gran similitud con aquella de la fotografía.

8. Una luz de esperanza.

Habiendo terminado las compras de regalos navideños, tuve un impulso repentino de llevar "uno sin importancia" para, en caso necesario de que apareciera un invitado a la fiesta de Navidad, al menos recibiera este pequeño regalo. Como nos encontrábamos lejos del lugar donde pasaríamos las festividades, nos trasladamos en automóvil. Durante el trayecto, el auto sufrió un desperfecto quedando detenidos en un lugar totalmente deshabitado y en completa oscuridad. Teníamos necesidad urgente de llegar a casa antes de medianoche y arreglar la falla mecánica sin luz era virtualmente imposible. Entonces recordé el pequeño regalo "sin importancia", el cual en ese instante y lugar adquirió enorme importancia puesto que se trataba de una linterna de bolsillo que permitió resolver el problema del auto y continuar la marcha hacia nuestro lugar de destino sin ningún otro contratiempo.

9. Programa de resultados.

Interferir en los sucesos normales mediante la utilización consciente de los procesos de la mente pensaba en mis comienzos que era solamente una suposición. Sin embargo, en una ocasión, a fin de auto-convencerme de la influencia que tiene la conciencia en situaciones que van más allá del tiempo y del espacio, decidí voluntariamente obtener un efecto específico: conservar igual calificación en todos los trabajos y pruebas que efectuara en determinada asignatura en mis estudios universitarios. Obtenida la primera nota, visualicé mentalmente que en esa asignatura todas las notas serían equivalentes a ese puntaje. Pasó el tiempo, olvidando esta programación mental. La siguiente nota fue exactamente igual. La tercera ocasión "fallé" al obtener un puntaje inferior, pero dado que la mayor parte de los alumnos obtuvo un bajo rendimiento, el profesor "decidió" incrementar las notas y en mi caso particular en el nivel exacto para obtener el "puntaje programado".

En otras ocasiones tenía la certeza que mi programación mental impediría realizar una prueba que no había preparado y por coincidencia, pasaba cualquier situación que hacía necesario postergarla.

10. Programa de invisibilidad.

Volverse "invisible" pareciera no ser posible. Pero veamos qué queremos decir con este término. Un objeto o persona pasa a ser "invisible" desde el momento que, existiendo físicamente en el espacio y tiempo, no se percibe conscientemente el estímulo. Así podemos decir que, para efectos prácticos es inexistente el objeto-persona a nuestra realidad. Esto se produce debido a la fijación de la atención en un estímulo predominante y que simultáneamente excluye o atenúa la percepción de otros elementos del entorno. Por ejemplo, los niños cuando están concentrados en sus tareas, olvidan o no perciben que tienen la goma de borrar en sus manos. La atención concentrada de un libro, radio, televisión, puede originar a su vez una des-atención de los sucesos próximos a nosotros. Programar la invisibilidad puede permitir atravesar un control sin que se percaten de nosotros; pasar desapercibido, sin que se note nuestra presencia, etc.

Se sabe que exploradores, soldados, indios, han empleado este recurso para poder efectuar "misiones" sin posibilidad de ser descubiertos. La historia nos revela aventuras increíbles que no podrían explicarse de otra forma, sino que virtualmente se volvieron "invisibles" las personas.

11. Si realmente buscas, encontrarás.

Suele ocurrir un hecho paradojal. Cuando se busca algo, no se encuentra y a su vez, cuando se deja de buscar, se encuentra. De ahí, que para poder encontrar, hay que saber buscar.

Pareciera ser que en este proceso tiene preponderancia los factores psicológicos en que nos encontremos. Debemos presentar una fuerte motivación o necesidad urgente, acompañada de cierto grado de esperanza y calma, estar libre de tensiones y ansiedad por encontrar el objetivo. Entonces, una vez que se efectúa la búsqueda consciente, si no se obtiene resultados, se abandona ésta y se cambia de actividades, teniendo presente los factores psicológicos señalados. Posteriormente es probable que se encuentre lo buscado en forma "casual" inconsciente. Como veremos este proceso tiene también las características de un acto creativo e intuitivo. La búsqueda de algo se presenta como un conjunto de tres actividades de un mismo proceso para la solución del problema. Mediante el establecimiento de factores psicológicos adecuados contribuimos a la formación de los estados de conciencia creativa: motivación, abandono e iluminación.

Durante mi infancia, uno de mis rasgos característicos era encontrar cosas perdidas. Acostumbrábamos a jugar a descubrir en dónde estaban los objetos escondidos, imaginando que poseíamos un "ojo metálico" que detectaba y sabía el lugar correcto en que estaba el objeto. Esta facultad puede ser utilizada tanto en la búsqueda de objetos, personas, como también cualquier elemento (dato) que sea necesario encontrar.

En cierta ocasión, recordaba un libro que deseaba adquirir pero que no estaba disponible a la venta. Había abandonado la búsqueda por las librerías, cuando un día al regresar a casa en bus, éste tuvo un desperfecto que hizo necesario detenerse. Todos los pasajeros bajamos y caminamos hasta algún paradero cercano. A unos pocos pasos había una librería y en su vitrina estaba el libro que tanto había buscado.

12. Realidad o ilusión.

Imaginemos que estamos a orillas del mar, sintiendo en nuestra piel la brisa marina, escuchando el ruido de las olas al reventar sobre la playa, respiramos aire puro observando las gaviotas revolotear en busca de comida. A lo lejos se divisa un velero que se aproxima hacia nosotros mientras paladeamos un sabroso helado. Sin estar plenamente consciente de esta multiplicidad de percepciones sensoriales, estamos viviendo una realidad incuestionable.

Ahora bien, si en ese lugar fuéramos hipnotizados permitiéndonos aislar de aquella realidad y "situarnos" mentalmente en otra, totalmente distinta: "vemos" una mesa sólida de ping-pong, "tomamos" una paleta que está sobre la mesa y comenzamos a jugar con un oponente "real", escuchando los golpes sobre el tablero. En esta situación, estamos plenamente seguros de esta "realidad".

Otra realidad es la que percibe quien observa el proceso hipnótico: ve al sujeto efectuar movimientos bruscos en el aire sin ningún objetivo, no habiendo comunicación entre ambas realidades; cada uno vive ambientes diferentes y por lo tanto realidades diferentes, siendo uno de ellos virtualmente "invisible" para el otro y, sin embargo, permanecen juntos.

Actualmente se ha experimentado con este tipo de percepciones mediante un sistema denominado "realidad virtual" (artificial) en donde mediante instrumentos especiales se produce una alteración de las imágenes visuales y auditivas "introduciéndose" el sujeto en la imagen de la pantalla y pasando a ser actor de la escena, aislándose de otras realidades.

Sería posible que existan otras realidades y que nuestras percepciones sean solo ilusiones, encontrándonos literalmente "dormidos" con los ojos abiertos y solo en breves instantes de iluminación despertaríamos a una auténtica realidad.

13. Relaciones humanas bajo una perspectiva trascendente.

En cierta ocasión me dirigía con urgencia hacia un lugar para lo cual tomé un taxi. Dado que solo disponía de $1000, me vino a la mente el temor de qué podría hacer si el valor de la carrera fuese de $800. Entonces pagué con aquel billete. Pasó un breve instante y se me devolvió $200. Esperé lo suficiente para consultar al chofer sobre el valor de la tarifa, respondiéndome que eran $300. Cobré entonces la diferencia que me adeudaba ($500) replicando él insistentemente y convencido de que ya me había dado la diferencia.

En otros momentos tuve pensamientos de haber pagado el valor de cierto producto o servicio, para posteriormente percatarme que lo había olvidado inconscientemente. Las personas con las cuales efectué esa transacción creían que efectivamente les hubiese cancelado.

Numerosas veces los pensamientos de esperanzas actúan como una profecía auto-cumplida, que favorece nuestra participación en ella: ser el último en entrar a un espectáculo, el último en ser atendido, el último en recibir una ración alimenticia, el último en participar en algún juego o percibir un juguete, en fin, el último en beneficiarse en alguna actividad.

En todos estos casos pareciera que hubiese una comunicación silenciosa, inconsciente entre las partes involucradas. Creo que lo que facilita este tipo de lenguaje silencioso es el sentido de inocencia y la ausencia total de algún intento de engaño o mentir conscientemente, una especie de desidentificación de la conciencia por la cual se establece un vínculo de amor y unidad entre las personas. Así nuestros pensamientos pasan a formar parte de los pensamientos de los demás. En otras palabras, "somos uno" con todos, produciéndose una comunicación inconsciente entre los humanos.

En cierta ocasión tuve un sueño en el que aparecía un avión, el cual presentía que tenía importancia, pero sin comprender en ese momento ese mensaje. Días después nos contactamos con un familiar que había permanecido fuera del país relatándonos los serios problemas con un avión, al querer regresar urgentemente al país desde una distancia de más de 50.000 kilómetros en el preciso momento en que transcurría el sueño.

En otro suceso se presenta un carácter de sincronicidad. Deseaba fervientemente ubicar a alguien que poseyera cierto objetivo específico, sin comunicar a nadie sobre ello. Algunos días más tarde, otro familiar me comunica que debe viajar por primera vez a efectuar un trabajo a un lugar cercano de la región. De regreso, además de contar sus actividades realizadas allá, comenta en forma casual que había alguien que tenía el "objetivo" que deseaba profundamente encontrar.

Estas y otras experiencias trascienden las realidades normales en el campo de las relaciones humanas. Como señala Carl Rogers, "Al parecer, la conciencia individual forma parte de una que todos compartimos. Cada uno de nosotros participa de los demás y de toda la creación". Creo en este proceso de "unidad de pensamiento" y en la tendencia hacia el crecimiento evolutivo de la conciencia.

14. Hacia una conciencia mundial.

"Crear" una sola conciencia entre dos personas pudiese parecer un disparate. Sin embargo, decir que una persona tiene dos cerebros ya no resulta tan extraño. Se sabe que cada hemisferio cerebral tiene funciones específicas que se integran coordinadamente para que el individuo funcione óptimamente. Se reconoce la incidencia que tiene la utilización hemisférica en los procesos creativos, aprendizaje, salud, etc. Cada hemisferio tiene su propio lenguaje. Esto facilita la comunicación y permite con ello orientar y dirigir nuestros objetivos y solucionar los problemas de una forma más rápida y eficiente.

Ahora si pensamos que podemos crea un cerebro compuesto por las funciones de los hemisferios cerebrales efectuadas por dos personas, y cada uno asumiendo la función correspondiente a cada hemisferio, entonces sería posible establecer una comunicación consciente o inconsciente entre ellos actuando como un solo cerebro. Esto podría explicar en parte la telepatía y otros fenómenos psíquicos.

Por otra parte, bajo ciertas condiciones se favorece la producción de estos fenómenos: existencia de una buena relación entre los participantes, creencia en estas realidades o deseos de realizarse, estados alterados de conciencia como en relajación profunda, meditación, hipnosis, sueño, etc.

Más aún, los maestros de la sabiduría podrían traspasarnos información a este cerebro interhumano, sin siquiera darnos cuenta de ello. Así pudiese ocurrir cuando simultáneamente se hacen descubrimientos e invenciones en diversos lugares sin haberse establecido previamente comunicación alguna entre ellos.

También los cambios súbitos de mentalidad producidos en las grandes masas, sugiere la posibilidad de que estarían actuando como un único cerebro a la manera de un gran organismo vivo con un objetivo común.

Esto nos lleva a preguntarnos, si un individuo posee prácticamente dos cerebros, ¿Cómo logra unirlos sin estar plenamente consciente de esta unión, pensando que solo es una sola unidad cerebral? Ahora si dos individuos "crearan" un cerebro interhumano ¿Serán conscientes de esa unión o pensarán que son solo dos entidades distintas y separadas? Contestar estas preguntas puede ser un paso importante hacia la formación de un "cerebro mundial" o hacia la comprensión de que siempre ha existido y se expresa en los hemisferios (cerebrales) occidental y oriental.

El resolver estos dilemas, puede hacer necesario efectuar profundas investigaciones que implicaría determinar las condiciones en que opera este "superorganismo", e ir conociendo el lenguaje y actitudes que debiéramos manejar a fin de establecer una fluida comunicación con él. De la comprensión que resulte de estos nuevos enfoques de la comunicación humana, podemos estar seguros y esperanzados que nos llevarán hacia un mundo mejor en donde el hombre encontrará su destino, la Identidad Suprema del Ser, la Creación del Sí Mismo.

SEGUNDO PASO: ¿DÓNDE ESTOY?

Antes de iniciarse en la búsqueda de un camino hacia el desarrollo del ser, debemos situarnos en nuestra posición actual: comprender el entorno a través de la percepción pura, libre de sumisiones y creencias, analizar el proceso que efectuamos en las diversas actividades desempeñadas, determinar el rol de la sociedad en la evolución del hombre y el descubrimiento de la esperanza en el despertar de la conciencia.

Nunca antes tuvo el hombre a disposición de los más grandes adelantos de la ciencia y tecnología en los campos de la biología, la medicina, las comunicaciones, el transporte, etc. Todas estas adquisiciones han transformado el comportamiento del hombre, le han facilitado la vida en extremo, en cierta medida, se puede decir que, esto ha contribuido a producir una distorsión (contracción) del tiempo y del espacio. Pareciera que mientras más ha ido progresando el hombre debiera ser más feliz y resolver o eliminar rápidamente sus problemas, externos e internos al individuo que afectan su salud física y mental. La contaminación ambiental ha llegado a límites peligrosos. El estrés aparece como la enfermedad del siglo. Estos y otros problemas hacen que el individuo se sienta aprisionado e impotente, no pudiendo liberarse fácilmente de ellos.

La crisis espiritual provocada por todos estos y otros problemas, hace que el hombre "despierte" a su conciencia liberando todas sus potencialidades para poder subsistir en un mundo hostil, mediante un proceso de cambios en su forma de vida que contrarreste este flagelo.

El proceso de cambio que debe experimentarse en la liberación de un malestar se refleja en las Nobles Verdades, bases de las enseñanzas de Buda:

1. Sufrimos y nos damos cuenta de ello.
2. Reconocemos el origen de nuestro malestar.
3. Reconocemos que existe una manera de aliviar nuestro malestar.
4. Reconocemos que para aliviar nuestro malestar debemos seguir ciertas normas de vida y cambiar nuestra presente conducta.

Sin desconocer las ventajas que tiene el pertenecer a una sociedad (relaciones interpersonales, trabajo, hábitos, sugestión positiva, etc.), es necesario conocer algunas desventajas que involucra esta relación entre dos o más agentes del cambio (personas, actitudes, acciones).

El individuo se siente sometido a un bombardeo de estímulos que le alteran su percepción y conocimiento de la realidad, mediante un proceso que actúa directa o indirectamente a través de un efecto imagen (publicidad y propaganda) que actúa a la manera de una sugestión subliminal, modificando el comportamiento del individuo a causa del estado de somnolencia provocado por esos medios semihipnóticos, favoreciendo con ello la formación de hábitos de conducta por la continua repetición de estímulos que anulan o reducen al menos el pensamiento crítico, manteniendo al sujeto en un estado permanente de sometimiento de su voluntad.

Si bien en el presente estamos frente a graves problemas que atentan a la supervivencia del hombre, cabe esperar un cambio favorable, dado que hay señales de que se están produciendo procesos importantes a escala creciente que afectan el comportamiento del hombre y de la sociedad en donde habita. Este despertar de la conciencia hacia un nuevo nivel evolutivo, lleva a tener esperanza de un mundo nuevo en donde al fin el Ser se encuentre a sí mismo.

Existen una serie de elementos que afectan el comportamiento del individuo. Ya lo señalaba Maslow cuando decía, "la sugestión social, los anuncios irracionales, la presión social y la propaganda, tienen considerable efecto contra la libertad de elección e incluso contra la libertad de percepción". De ahí que es necesario analizar estos aspectos.

1. Efecto imagen (publicidad y propaganda).

Un medio que destaca el rol que cumple la "asociación mental" es la publicidad o propaganda en la cual se motiva a la acción mediante repeticiones de slogan y símbolos que representan imágenes auditivas o visuales. De tanto recibir tales estímulos, éstos pasarán a integrarse como pensamientos propios. Así, por ejemplo, a un producto se le atribuirá las más loables propiedades, sin intentar comprobar por sí mismos la verdad de tales aseveraciones.

El éxito de este mecanismo de "control" de la conciencia radica en que el individuo deberá aceptar conceptos e ideas externos a su razonamiento, puesto que le sería virtualmente imposible verificar cada uno de estos antecedentes. Así, por medio de la fe razonable, le es más fácil resolver el problema que significaría el dudar de la publicidad en su totalidad.

Permanentemente estamos influenciados por este tipo de "asalto" a nuestra conciencia. Puede que en un primer momento no se produzca el efecto buscado, pero ocasionalmente y con posterioridad, cuando el sentido crítico de la razón se encuentre en un grado de sugestibilidad aceptable, se opte por cambiar de opinión dándonos "razones" para ello.

Una forma de publicidad, incluye antecedentes falsos conjuntamente con los verdaderos. Estos últimos hacen aceptar algunos de aquellos. También si toda la información fuese falsa, seguramente se pensará que algo de ello es verdadero.

Los productos se venden básicamente no por lo que son, sino más bien, por lo que representan (salud, poder, riqueza, éxito, etc.). Entonces, si se les asocian imágenes adecuadas, se tenderá a adquirir los productos para tranquilizar la conciencia. De ahí que, las advertencias negativas hacia algunos de ellos (por ej. Su consumo pudiese producir enfermedad), no tengan resultados óptimos, puesto que el énfasis en las imágenes positivas de éxito por su consumo, anulará todos los efectos que intentan limitar su consumo presentados en un breve instante.

Puesto que nadie tiene el tiempo y la capacidad de investigar la veracidad de la publicidad, las palabras e imágenes repetidas motivan a la acción, estableciendo patrones de asociaciones que son aceptadas sin razonamiento lógico, pasando a integrar artículos de fe. Los términos empleados deberán ser positivos, con brevedad y precisión, no debiendo utilizarse conceptos e imágenes que pudiesen sugerir acciones contrarias a lo que se pretende implantar en nuestras mentes.

La repetición es necesaria por el mismo fenómeno que ocurre al asistir a una representación teatral, al cine o al estar absorto en un libro. El tema específico en estas circunstancias envuelve al individuo a tal punto que, por ejemplo, la representación teatral se posesiona de su mente y en ese momento solo vive para ella. Al terminar o salir de la fascinación, pareciera que el individuo "despertara" a otro estado de conciencia, volviendo al mundo real.

La publicidad y propaganda son quizá una de las técnicas más eficaces en la programación y control de la conciencia de las multitudes, puesto que con este instrumento no se apela a la razón ni al criterio de los individuos, sino más bien se actúa en los sentimientos y actitudes que motiven a la acción.

La fe de la publicidad y propaganda se basa en slogan, lemas, prejuicios, generalizaciones, dogmas y todo tipo de conceptos asociados al producto u objetivo de turno. Las palabras, ideas o imágenes por sí solas producirán pequeños efectos. Sin embargo, si se juntan aumentará considerablemente su efectividad. Las palabras son símbolos que representan en la conciencia individual situaciones específicas de acuerdo al significado que tengan para el sujeto. De ahí que un idioma desconocido no produzca reacciones, puesto que las palabras no tendrían significado para él. Por otra parte, las imágenes sugieren asociaciones con hechos o experiencias vividas con anterioridad.

También si se carece de vivencias, no es factible o se dificulta establecer asociaciones con la realidad.

Por último, un elemento que emplea la publicidad es la música (radio y televisión) que adormece el carácter crítico y que conjuntamente a los símbolos (palabras) e imágenes adecuadas, permiten favorecer el cambio de conducta que se espera que el individuo asuma.

2. Efecto subliminal.

La memoria, los sueños, actos fallidos, funcionamiento autónomo, etc., son aspectos de nuestra vida cotidiana que nos demuestran la existencia de un comportamiento paralelo a nuestra conciencia de vigilia: el subconsciente. El proceso de estos fenómenos naturales nos es vedado al ser solo conscientes del resultado de ellos. Se sabe que existe una permanente interacción entre los aspectos de nuestra mente consciente y subconsciente en ambos sentidos. También se conoce que el subconsciente recibe información permanente que no es percibida por la propia conciencia y sin embargo forma parte de nuestra experiencia inconsciente que con posterioridad puede tener incidencia en nuestros actos y pensamientos conscientes.

De la comprensión de lo señalado, puede deducirse que si se programa y controla la información percibida por la conciencia y subconsciente sería posible inducir ciertas motivaciones que pueden estimular al sujeto a actuar de determinada forma.

Tan solo una palabra escuchada, sin prestar debida atención, un susurro percibido, una imagen captada con el rabillo del ojo pueden provocar una reacción de la cual no estemos conscientes de su origen y manifestarse en los sueños, actitudes, emociones, etc.

Se han efectuado experiencias de proyección subliminal, en la cual, se intercalan imágenes no percibidas por la conciencia, pero sí subconscientemente, incidiendo en alguna medida en el comportamiento de los sujetos del experimento. Sin embargo, felizmente la aceptación de tales "ordenes" se efectúan de igual forma como lo harían frente a una sugerencia consciente de las imágenes, pero si existiera una predisposición o indecisión, el mensaje llegará directamente al subconsciente activando las motivaciones personales pudiendo inducir alguna reacción en el sujeto.

3. Efecto somnolencia.

Este estado mental en el cual se encuentra anulada o disminuida la resistencia consciente, permite actuar en el comportamiento futuro del sujeto, mediante la sugestión verbal efectuada a él mientras permanece en este proceso. El mensaje debe ser emitido en forma de susurro, a fin de no alcanzar el umbral de la conciencia que haga despertar al sujeto. Así, la sugerencia impuesta directamente al subconsciente actuaría como una sugestión posthipnótica, es decir, tenga influencia con posterioridad al despertar el sujeto. Sería posible, entonces, efectuar adecuadas sugestiones que contribuyan a mejorar los hábitos de los niños, induciendo comportamientos deseables, desarrollar la personalidad y seguridad en sí mismo, etc.

El cansancio y la enfermedad originan un desgaste nervioso que disminuye las resistencias de la conciencia aumentando el grado de sugestibilidad del individuo, haciéndolo más permeable a las sugestiones impuestas directamente en el subconsciente.

También las tensiones físicas y psicológicas prolongadas, pueden producir un efecto de "lavado de cerebro" o lo sucedido en las contiendas mundiales, conocida como "fatiga de combate". En estas situaciones el individuo se encuentra sometido a un deterioro de su personalidad, de sus capacidades críticas, de la razón y de una incapacidad para adaptarse al medio (sociedad).

4. Efecto hábito.

Una respuesta constante obtenida por la repetición continua de un estímulo es un proceso que origina los denominados reflejos condicionados. De ahí que, en la formación de hábitos juegan un papel esencial estos reflejos. En este estado se reduce la participación de la conciencia y esto es así, para poder desarrollarnos al ir acumulando nuevas experiencias que vayan forjando nuestra personalidad y carácter. Mediante la repetición de estímulos generadores de hábitos, se facilita el aprendizaje al orientar nuestra conciencia hacia otros estímulos que requieran mayor atención.

Dado que una de las características de los hábitos es la de que por inercia perduran debido a la facilidad de su ejecución con poca participación de la conciencia, W. James aconsejaba romper los hábitos (los malos) bruscamente; en otras palabras, hacerse consciente del problema, reflexionar sobre las cosas malas de seguir con él y de las buenas una vez liberado de tal hábito.

Al examinar nuestro diario vivir, comprobamos que en realidad las actividades desarrolladas son un cúmulo de hábitos físicos y psíquicos desde que nos levantamos e incluso cuando dormimos. De ahí que, es necesario analizar nuestros hábitos con el propósito de adquirir nuevos y modificar, mejorar o eliminar aquellos perjudiciales.

La formación de hábitos se adquiere mediante la repetición continua de actividades, de manera similar a como aprendemos a hablar, leer, caminar, comer, vestirse, asearse, escribir, pensar, etc., de tal modo, que se transformen en actividades automáticas, es decir, sin la participación de una percepción consciente, sino que solo se es consciente del resultado de estas acciones. Como se comprenderá, el mecanismo del hábito es una bendición para nosotros, puesto que nos permite facilitar y efectuar infinidad de tareas sin estar plenamente absortos de ellas. Pareciera que la conciencia actúa como una "unidad generadora de hábitos" que delega su accionar a otro compartimento de ella: el subconsciente. Si la conciencia permaneciera siempre atenta a los estímulos, entonces comenzaría a cometer errores de automatismo. Así, por ejemplo, si se escribe a máquina y se presta atención concentrada en las teclas que deben pulsarse, entonces disminuirá la velocidad de impresión.

Felizmente, gracias a la inteligencia humana y capacidad de observación, pueden los hombres a aprender a cambiar sus hábitos. Sin embargo, es necesario que exista una verdadera motivación o incentivo a buscar una respuesta adecuada. De ahí que, una forma de terminar con un mal hábito sea reemplazándolo por otro menos perjudicial, dificultando el desarrollo de él, o por último hacerlo completamente imposible.

Hemos visto la facilidad de adquirir hábitos. Sin embargo, la repetición por sí sola, no perfeccionará el hábito; entonces, es fundamental aprenderlos bien desde el inicio y prestar toda la atención consciente en este punto.

Respecto de los reflejos condicionados aplicados a nuestras ideas y pensamientos, podemos decir, que normalmente el individuo, por efecto de los hábitos de pensamiento, adquiere una estructura condicionada de ideas similares en el tiempo. El psicoanalista Paul Bergman decía: "nadie tiene más de una idea seminal en su vida y que todo lo que una persona escriba, no son más que aclaraciones del mismo tema". Por mi parte, comparto esta idea.

El hábito, en sí, es un proceso repetitivo en el cual participa, en primer lugar, la atención consciente, estableciéndose un sistema de asociaciones y programaciones mentales conscientes y/o inconscientes entre los estímulos y las respuestas. Tal proceso, se transforma en un acto reflejo (condicionado) en el momento en que el sujeto se libera de la percepción y programación consciente del hábito, el cual se desarrolla con destreza, sin tener que atender, ni pensar en él.

Conocido es el experimento de Pavlov, sobre los reflejos condicionados en animales. Un perro se adiestra para responder con su salivación ante una luz encendida, asociada al alimento que se le proporciona. El reflejo se establece con tal firmeza que, sin la presencia del estímulo del alimento, pero sí de la luz, se produce en el animal una salivación automática. De ahí que, si se establece una asociación mental adecuada mediante símbolos (palabras) e imágenes, se creará una respuesta predeterminada ante la aparición de tales estímulos.

TERCER PASO: ¿A DÓNDE VOY?

Explorar el universo de la conciencia, llegará a ser quizá la más fascinante de las aventuras jamás realizadas por usted. Acompáñenos en este maravilloso mundo en que una nueva visión de la realidad se incorporará a su experiencia. Tomará conciencia que siempre ha sido así, y desde ese instante, sufrirá una transformación positiva, comprenderá el valor de la verdad, comenzará a adquirir buena salud, pondrá en acción ideas e inteligencia creativa, sentirá amor hacia sí mismo, sus semejantes y en fin, hacia toda la naturaleza. Se sorprenderá de este nuevo (antiguo) conocimiento, que siempre ha estado presente y esperando ser descubierto, por aquel que busque con esperanza y sinceridad. A medida que vaya interiorizándose de los alcances de la conciencia, y a través del proceso permanente hacia el desarrollo del Ser, llegará a comprender lo que verdaderamente el hombre es, alterando su percepción de la realidad y conjuntamente disponer de libertad de elegir su propio destino.

Este enfoque y entendimiento del significado del rol del hombre en la historia de la humanidad, puede motivar un cambio en la estructura de su pensamiento y actuación que lo lleven a la adquisición y aceptación de nuevos conceptos, lenguaje y actitudes, que le permitan guiar por el camino correcto, reconocer la verdad, alcanzar la plenitud de la vida, transformar al individuo y convertirlo en una nueva persona.

Sin embargo, nada de esto se obtendrá, si no se produce un renacimiento espiritual, una renuncia de viejos preceptos, dogmas y prejuicios que atentan contra la propia conciencia del hombre. Se debe recordar que el individuo ha sido y es, el mayor enemigo de sí mismo y de su propia humanidad. Ha establecido una sociedad basada en principios limitantes a su creatividad y desarrollo de su conciencia: avaricia y envidia de la propiedad privada; idolatría del hombre por sí mismo; por los bienes que posee; por las instituciones a que pertenece; por los símbolos que venera; por las cosas que ama.

Seguir la vía del desarrollo de la conciencia puede parecer simple a su comprensión, pero el esfuerzo permanente que debe desplegarse en mantener inalterable esta ruta significará, en principio, enfrentarse a serios obstáculos que debieran salvarse para acceder a la libertad de los poderes internos del hombre.

Existe una serie de impedimentos que obstaculizan el grado de libertad de la conciencia individual que suelen alterar, modificar o suprimir la búsqueda del conocimiento de la naturaleza de la vida.

Si bien estos obstáculos pueden ser internos o externos a la persona, liberarse de ellos implicará efectuar una acción orientada hacia:

- Prescindir de toda forma e instrumentos de carácter simbólico.
- Suspender toda actividad de "programación de actividades".
- Liberarse de toda necesidad de búsqueda de objetivos.

Paralelamente el individuo debe mantener y alentar un sentido de:

- Fe y esperanza
- Calma frente al temor
- Amor al prójimo como a sí mismo
- Unión fraterna entre opositores

Ahora bien, si el hombre no logra liberarse de las opresiones externas e internas a él, su destino va encaminado directamente hacia la destrucción de sí mismo y por ende de la sociedad a que pertenece, reflejándose esto en una masificación del odio, la mentira, envidia, oposiciones, incomprensión, falta de comunicación y paralización de su potencialidad creadora. Todo esto nos lleva a seguir el camino de la trascendencia de las necesidades.

Trascendencia de las Necesidades.

Desde sus orígenes, el hombre fue descubriendo su papel activo frente a la naturaleza. A través de la prueba y error, fue experimentando el proceso de aprendizaje asociativo, pudiendo con ello "crear" condiciones que favorecieran su supervivencia. En el aprendizaje asociativo (conciencia asociativa) juega un rol importante los símbolos e ídolos. Erich Fromm comenta, "si el ídolo es la manifestación alienada de los propios poderes del hombre, y si el modo que está en contacto con estos poderes es una adhesión sumisa al ídolo, se sigue, que la idolatría es necesariamente incompatible con la libertad y la independencia".

Así podemos ver que, liberarse de este estado de conciencia, de adoración de ídolos, suele producir una especie de temor e inseguridad de sentirse el individuo sin un medio al cual aferrarse por su fe idolizada y carecer de fe en sí mismo, otorgándole toda la responsabilidad al objeto de su adoración. Entonces, cada vez profundiza la sumisión al ídolo, hasta el punto que, si es separado de él, se siente vacío como si hubiese perdido una parte de su yo, inhibiendo así sus potencialidades creativas. Este es el caso de aquellos niños sobreprotegidos por sus padres, a los cuales no se les da la oportunidad de enfrentarse a los problemas de la vida cotidiana que permita fortalecer su voluntad y seguridad en sí mismo. No es eliminando los factores adversos lo que hará del niño un hombre, sino que lanzándolo a "nadar" en la escuela de la vida será lo que acrecentará su estima y confianza para llevarlo a ser arquitecto de su propio destino.

Con el tiempo, el hombre aumentó su capacidad de operar en su medio, pasando de un pensamiento estático a uno dinámico mediante la incorporación del aprendizaje programado, situación que lo impulsó a diversificar sus actividades en todos los ámbitos del acontecer humano (sociales, políticos, culturales, económicos, científicos, laborales, etc.).

Definido un objetivo que satisfaga una necesidad, el individuo nuevamente se encuentra sometido a un proceso limitante a su creatividad, al establecerse pautas rígidas de comportamiento en el tiempo, siendo la creatividad una actividad espontánea y de permanentes cambios de conducta. Por otra parte, estar bajo la acción de un programa, produce en alguna medida cierto grado de tensión, limitante éste del proceso creador, el que requiere de una cuota de relajación físico-mental.

El hombre al efectuar actividades, de cualquier índole, necesita comprender el medio en que se producen tales actos, de modo de establecer una relación objetiva-subjetiva de sus percepciones, pensamientos y acciones en este sistema cerrado. Requiere establecer puntos de referencia que le permitan distinguir y separar los elementos insertos en la actividad mediante pautas de asociación mental. El aprendizaje que resulta del proceso asociativo, contribuye a mejorar y comprender los procesos de la memoria y del olvido.

Por otra parte, cabe decir que, el concepto de asociatividad ha tenido una profunda influencia en la conducta del hombre, desde la más temprana edad en la historia de la humanidad. La conciencia de asociación, permitió al hombre levantar al mundo hacia una comprensión de los fenómenos del entorno, contribuyendo con ello, a la supervivencia del mismo. Este aspecto positivo se contrapone a los factores negativos que implica el considerar la conciencia asociativa como un elemento adverso al desarrollo del Ser por los procesos que involucra: simbología, idolatría, conciencia autoritaria, sugestión negativa y otros elementos que actúan en contraposición a la libertad de conciencia, perdiendo el individuo su independencia, sintiéndose (en conciencia interior) aplastado y sujeto al yugo de esos factores inhibidores del comportamiento individual.

La introducción de la programación de actividades del individuo y la integración de sistemas de procesamiento de datos, lleva al hombre hacia un "progreso ilimitado" en continua expansión. Frente a estos mecanismos, el individuo en conciencia de programación percibe la realidad como un sistema de etapas sucesivas y permanentes, basado en los principios de causalidad, en donde obtener una meta (efecto) requiere efectuar previamente procesos continuos incorporando elementos, agentes de tal actividad.

Igual que en los procesos asociativos, la conciencia de programación puede enfocarse en forma positiva y negativa.

Actualmente no se concibe realizar actividad alguna sin incorporar la visión de programación sistemática. Más aún, la conciencia de programación dio origen a la propia programación, al método científico, enfoque de sistemas y a diversos aspectos de la producción, educación, cultura, política, etc., situación que facilitó el desarrollo de éstas.

A su vez, lo negativo se refleja en la aceptación (sumisa) de un esquema de acción, que limita la liberación de conciencia, dado que integrarse en la programación involucra disponer de factores de restricción (entropía), tales como, la necesidad de disponer de elementos de entrada, adquirir conocimientos de los procesos, requerir de tiempo, de controles y del acto mismo de programar, etc.

El hombre solo puede obtener la libertad e independencia de su conciencia al abandonar los factores limitantes al desarrollo de su conciencia interior, lo cual requiere de un proceso de purificación de sí mismo: desechar todo elemento asociativo, dejar (y creer) que su propia conciencia le señalará el camino correcto a seguir (ella sabrá cómo hacerlo) y, por último, buscar un estado meditativo de "vacío mental".

Se sostiene que, de una u otra forma, el conocimiento atenta contra el propio conocimiento y que la ignorancia es una fuente de sabiduría.

> El mundo de la ignorancia,
> comprende, tanto,
> al que ignora lo que sabe,
> al que sabe lo que ignora,
> al ignorante que nada sabe,
> y, al sabio que todo ignora.

Además, se han efectuado experiencias que demuestran que, bajo ciertas condiciones psicológicas, la mente se comporta de otras formas, aumentando las potencialidades del individuo hasta situaciones no totalmente dilucidadas, como por ejemplo, los fenómenos PSI. Más aún, se reconoce que estos comportamientos se dan en situaciones normales percibidas generalmente como coincidencias (sincronicidad). Liberarse de la conciencia asociativa y programación, parecieran ser factores imprescindibles para que emerjan tales facultades mentales. Es como si la conciencia quedara libre de elementos disociadores de la energía mental para dejar paso a la percepción y emisión de señales (conscientes o inconscientes) generadoras de los procesos creativos del universo.

Toda la educación del individuo ha estado y está basada en los procesos asociativos y de programación de la conciencia. Los test de inteligencia y pruebas de selección, aprovechan estos sistemas de aprendizaje.

La solución de problemas puede ir más allá de los procesos asociativos y de programación de la conciencia y resolverse sin la intervención directa de ellos, dado que, en alguna medida, interfieren al desarrollo de la conciencia creativa del Ser. Es necesario comprender, que existen otros medios, tan buenos o mejores aún, que los conocidos y empleados en la solución de problemas, debiendo aprender a manejar y "controlar" estos mecanismos, integrándolos al campo de su conciencia.

La conciencia es, sin duda, el mayor de los conocimientos que debe enfrentar la ciencia en el momento presente, tratando de comprender su acción en los sucesos de la vida, para intentar "despertar" voluntariamente el proceso de la creación.

De todas las acciones detalladas anteriormente, quizá la más difícil de alcanzar sea la de liberarse de las necesidades y su correspondiente satisfacción.

Maslow, en su teoría de las necesidades humanas estableció un sistema de jerarquía de las necesidades, debiendo el individuo satisfacer aquellas necesidades de escala inferior antes de acceder a las de mayor nivel. En otras palabras, debe irse liberando paulatinamente de las necesidades hasta llegar a la cumbre de realización de sí mismo (autorrealización).

El desarrollo y satisfacción de las necesidades es un campo propicio para el crecimiento, ejercitación y evolución de los estados de conciencia. Entonces, desde este punto de vista, las necesidades cumplen el rol fundamental de establecer en el individuo un aprendizaje, crecimiento y desarrollo de los estados de conciencia que le permitan, con el tiempo, lograr la plena iluminación. De ahí que, es necesario e imprescindible que el individuo (o sociedad) vayan satisfaciendo todas sus necesidades, como requisito de la evolución de la conciencia.

El desarrollo del hombre pasa principalmente por el desarrollo de la conciencia del mismo, que le permita enfrentar y resolver los diversos problemas que atentan en contra de él. Esto es así, y ha sido así, desde los orígenes de la civilización.

La historia de la humanidad no podría explicarse sin integrar la satisfacción de necesidades que motivan las actividades del hombre hacia el desarrollo de la civilización. Maslow, distingue dos grupos de necesidades: necesidades de deficiencia y de crecimiento.

Las *necesidades de deficiencia* comprenden las necesidades fisiológicas, de seguridad, de amor y pertenencia y las necesidades de atención.

Por su parte las *necesidades de crecimiento* contemplan las necesidades de: totalidad, perfección, cumplimiento, justicia, vida, simplicidad, belleza, bondad, singularidad, facilidad, juego, verdad, modestia. Sobre todas ellas, se encuentra finalmente, para Maslow, la necesidad de "autorrealización".

El incremento de la población ha llevado a una virtual masificación de las necesidades, en la producción, consumo, información, comunicaciones, etc. La vertiginosa evolución de las necesidades, desde las micro a las macro-necesidades, ha contribuido a que surjan nuevos problemas. El hombre empieza a tomar conciencia de **hacia dónde** lo puede llevar esta carrera, al percibir el daño que está causando en su propio hábitat, que lo llevarán seguramente a la destrucción de sí mismo: contaminación, radiación atómica, dependencia económica, social y política, etc.

Como puede observarse, el individuo tiende a desaparecer en este macro-sistema, pierde su individualidad y pasa a transformarse en un simple dato o número, infinitamente pequeño para influenciar las decisiones que directa o indirectamente le afectan en su comportamiento en la sociedad que pertenece. De ahí que, cuando el sujeto comienza a liberarse de la sumisión a las necesidades, siente que ha recuperado su verdadero yo y empieza a regir con libertad e independencia su propia conciencia, no estando ya sometido a la "programación del sistema", adquiriendo así, un sentido creador de su propio camino.

El no tener necesidades significa que el individuo está libre de temores y preocupaciones por su pasado y futuro. Para él, vivir correctamente el presente, de la forma más productiva, es la característica que enmarca su comportamiento habitual.

Toda necesidad, de por sí, produce una corriente de pensamientos tendientes hacia la satisfacción de ella. Esto se traduce en un grado de tensión e intranquilidad que atenta contra cualquier proceso creativo. De ahí que, la liberación de necesidades es un factor psicológico que propicia y coadyuva a la actividad creadora.

La satisfacción de las necesidades provoca, simultáneamente un estado relajado, pareciendo ser éste el único camino para liberarse de las tensiones impuestas en la sociedad. Esta ha sido la educación recibida en nuestro medio: frente a una necesidad, fijar un objetivo y preparar un plan para satisfacerla.

Sin embargo, existe otra vía para obtener la ansiada libertad de conciencia y es, justamente, liberarse de la propia necesidad. Este proceso provoca un estado de relajación permanente frente al estado de relajación transitorio que ocurre al satisfacer las necesidades mediante el método de programación de metas.

En resumen, podemos obtener la relajación físico-mental mediante dos procesos de participación de la conciencia ante las necesidades:

- satisfacer la necesidad mediante un plan
- liberarse de la necesidad

Nuestra educación (occidental) ha sido orientada al primer tipo; no así la cultura oriental, en donde prima el segundo medio.

Para terminar, diremos que el sistema de vida occidental produce un alto grado de tensión físico-mental que dificulta en extremo lograr un estado relajado, necesario para el funcionamiento óptimo del individuo. Hace su aparición el estrés, en donde el sujeto está sometido a un exceso de presiones físicas o psicológicas en un período limitado de tiempo, dañando por consiguiente su salud.

CUARTO PASO: ¿LA LIBERACION DE LA TECNICA, CONDUCE AL DESARROLLO?

Existen múltiples formas de efectuar una actividad. Sin embargo, todas y cada una de ellas requiere de la ejecución de métodos y procedimientos que contribuyan a mejorar el trabajo realizado, mediante una técnica adecuada a esa actividad. De ahí que, la técnica es un medio para facilitar la comprensión y aplicación de procesos en una determinada actividad. Clement Stone señala: "El conocimiento consiste en saber algo. La habilidad consiste en saber hacerlo. El conocimiento es información. La habilidad es técnica. El conocimiento se adquiere en cualquier parte y en todas partes. Puede adquirirse de los libros, de las personas, cosas, sucesos, la historia, la observación casual. Pero, para que sea útil, ha de ser organizado. Uno debe saber lo que sabe. La habilidad es la cualidad que le permite hacer algo a voluntad, con destreza, eficacia y al mismo tiempo y esfuerzo. La habilidad siempre consigue hacer aquello que se propone. La habilidad permite realizar las cosas cuando otros aún siguen preguntándose si es posible hacerlo. La habilidad permitió construir las pirámides de Egipto y las grandes catedrales de Europa, cruzar en avión el Atlántico y desintegrar el átomo, dominar la electricidad y llevar al ser humano a la Luna. Y puede proporcionarle el éxito que usted busca. ¿Cómo la consigue? No la consigue…la acumula. Mediante la repetición, la experiencia, la acción, usted obtiene esa habilidad. Cuando la tenga, lo sabrá…y conocerá su poder."

La técnica fuera de facilitar las tareas y ayudar al éxito de las mismas, mediante la sistematización de los procedimientos, tiene también como finalidad liberar a la imaginación, creatividad e inteligencia del esfuerzo y tiempo que significaría efectuar una actividad intelectual o física al carecer de orden y método en la ejecución de ellas. Por esto, la técnica siempre debe, en alguna medida, estar presente en todos los ámbitos de la ciencia, arte, educación, salud, etc. Todas las creaciones del hombre, son el fruto de la aplicación de alguna técnica específica y es lo que le da supremacía al hombre sobre el resto de los seres vivos.

Por otra parte, la utilización continua de una técnica, contribuye a la formación del hábito y experiencia en ella, permitiendo bajo el efecto de la ley de asociatividad, emplearla en la resolución de problemas similares.

Conocidos los instrumentos utilizados para la solución de problemas y el desarrollo psicológico, cabe hacerse la pregunta de si el individuo puede o no vivir eficazmente sin estar sometido a un esquema rígido de una técnica específica.

Dado que médicamente se ha constatado que, "en el proceso de curación…la "moral" vale tanto para las enfermedades del cuerpo como para las de la mente. Más allá de las fórmulas técnicas y de los efectos específicos de tal o cual método, las autoterapias sin duda deben una parte no despreciable de su eficacia a ese papel de la moral (por no decir de la creencia o de la fe) en el proceso de curación".

Esto parece indicar que los principios y valores morales tienen la propiedad de activar procesos y mecanismos inconscientes que provocan cambios importantes del comportamiento del individuo sin mediar en ello técnica alguna de alteración de la conciencia. De ahí surge la interrogante ¿La liberación de la técnica, conduce al desarrollo? Responder esta pregunta nos lleva al siguiente capítulo que analiza el rol de los medios de autonomía en el proceso de la vida. Pero antes diremos que adquirir la verdad y sabiduría no requiere de elementos externos, sino que la fuente de "información como ésta existe en el espacio en todo momento, y su realidad no necesita de libros. Está siempre en tu interior". Por esto, el Maestro de la conciencia no busca "intención alguna de propulsar o forzar a nadie a hacer nada en absoluto". Con ello el Maestro intenta que el individuo logre la plena libertad de expresión del sí mismo proporcionándole, más que reglas de comportamiento, una forma de vida de transformación interior.

Así nos aproximamos al pensamiento de Morris Berman sobre la visión de Bateson del Aprendizaje III,

El "despertar al éxtasis", o el sentido de fusión con una "vasta ecología". Si bien, Bateson no aboga explícitamente por la meditación, el yoga, la alquimia, que permitan la percepción real de la fusión sujeto/objeto, del mundo como algo completamente vivo y sensual, todas estas prácticas, ya sean las técnicas de meditación, la respiración prolongada, los cánticos, sirven para reducir el "input" sensorial externo, de modo que la conciencia de ego comienza a considerarse a ella misma como su propio objeto de escrutinio. El individuo pierde su sentido de realidad, lo que puede derivar en temor por la disolución del ego. De ahí, el papel del guía, que acompaña al novicio a traspasar la brecha entre lo consciente e inconsciente con la sensación de estar inundado o transportado por un océano de realización deifica. Esta percepción es vivenciada como una inmensa claridad, un súbito despertar a lo que se siente que es completamente real. Si el proceso tiene éxito, el discípulo que llega al Aprendizaje III seguirá experimentando una brecha entre consciente e inconsciente, pero ahora sin temor o éxtasis. La última percepción después de esta experiencia, es la sensación de surgir por primera vez de la oscuridad, de saber ahora se está verdaderamente consciente y de cuán errada y limitada era la "conciencia" previa.

QUINTO PASO: ¿QUIEN SOY?

¿Quién soy? Normalmente se ha contestado esta pregunta en sentido de lo que hemos sido en el pasado y que creíamos saber de nosotros, y puesto que no sabemos realmente lo que somos, y sin embargo vislumbramos las capacidades internas que poseemos, podemos al fin, decir que en verdad "somos lo que llegaremos a ser". Desde este punto de vista, la vida sería un proceso orientado a descubrir lo que somos. Entonces estamos permanentemente en un "proceso de ser" que va reflejándose en nuestras actitudes, percepciones y pensamientos que tenemos respecto de nosotros mismos, de nuestros semejantes y en fin del entorno al que pertenecemos. Más que conocer las características del "maestro de la vida", vivir con y en ellas, es el camino del Ser, un proceso vivencial continuo orientado a ese fin, hacia su verdadera naturaleza interior que irá emergiendo durante la búsqueda de sí mismo.

La meta de llegar a desarrollar las características del "maestro", puede significar un gran esfuerzo de concentración y trabajo por parte del individuo. Sin embargo, una vez que esté en posesión de estas potencialidades, no requiere ya de atención alguna, manifestándose habitualmente en el comportamiento del sujeto. Forman parte de él mismo. Están integradas a su organismo como un todo y por lo tanto viven y actúan en él. Se reflejan en su actitud, en la verdad y amor que desprende, en la calma que exhibe, en su inteligencia y creatividad, en su optimismo y esperanza, y, por último, en pocas palabras se refleja y percibe como un "maestro de la vida".

Se reconoce que, el individuo por sí mismo debe lograr su propio desarrollo personal, intentar comprender los medios e instrumentos para buscar la maestría. Benjamín Franklin para adquirir las virtudes (templanza, silencio, orden, resolución, frugalidad, laboriosidad, sinceridad, justicia, moderación, pulcritud, tranquilidad, castidad y humildad), comenzaba de una en una hasta convertirla en hábito antes de pasar a la siguiente.

Llegar a ser una persona íntegra debiera ser la meta de desarrollo permanente del individuo normal. Si éste es su proyecto de vida, es necesario, en primer lugar, estudiar, conocer y aplicar los principios y valores de la "maestría", que lo lleven virtualmente hacia una formación de conciencia de maestro.

Comprender esto, pasa por esclarecer las siguientes interrogantes:

- ¿qué es un maestro?
- ¿qué piensa un maestro?

- ¿qué hace un maestro?

Se dice que un maestro debiera tener las cualidades de investigador, orientador y líder. Esto pareciera entonces, que fuera un poco inalcanzable para la mayoría. Sin embargo, el ser maestro no significa necesariamente poseer un extenso currículum, o pertenecer a una institución prestigiosa, o un grupo social específico, o que preste atención sólo a su intelectualidad, o mantener subordinados en situaciones estáticas o pasivas. La maestría se refleja más bien en una actitud integral del maestro. De ahí que se dice, "por sus obras, los conoceréis", o también, "es consecuente con lo que piensa".

La percepción de lo que es un maestro y de las características que deben adoptarse a ese carácter, puede no ser suficiente y determinante para lograr esa meta, dado que el individuo pudiese no tener el sentido de pertenencia de tales cualidades. De ahí que, para desarrollar este sentido deberá modificar la propia imagen de sí mismo. Para ello es necesario y suficiente con *creer, pensar y sentirse* permanentemente en las características del maestro.

La Biblia señala: "la fe sin obras está muerta". La sabiduría de esta sentencia indica la importancia de la actuación de las personas. Hay que considerar que detrás de una acción, existe un motivo que orienta la elección de la respuesta a seguir. Por otra parte, la actuación del maestro está motivada por el sentimiento que experimenta cada uno de los aspectos que encierra el concepto de "maestro". Los sentimientos están referidos a la *verdad, el amor y la esperanza.* Así, tenemos que un *investigador*, básicamente busca la verdad; un *orientador*, debe dar suficiente amor y entrega de sí mismo a sus educandos; por último, el líder, debe motivar a sus seguidores y nutrirlos de esperanza de alcanzar sus metas.

A esta altura, usted ya sabe o intuye *lo que es*, *lo que piensa* y *lo que hace* un maestro. Definir y detallar las características del Ser y la forma de vida que debe llevar, puede darle la comprensión de una desidentificación con sus propias cualidades y estilo personal de vivir. Sin embargo, reconociendo la hipótesis de que el hombre "es un proceso" y que aún no está terminado, sino que se encuentra en estado de desarrollo evolutivo, permite rememorar las características del "auténtico ser humano" como las describen en las obras de: E. Fromm en ¿Tener o Ser?(el hombre nuevo), A. Maslow en El Hombre Autorrealizado (el ser humano autorrealizado) y C. Rogers en El Camino del Ser (la persona del mañana).

Desarrollo Integral del maestro

Ahora bien, todo el proceso de desarrollo personal se manifiesta mediante una transformación integral y paulatina del comportamiento individual en todos los ámbitos de su vida personal y social:

- Desarrollo moral: Rol de la verdad y el amor.
- Desarrollo psicofísico: Rol de la relajación física y mental.
- Desarrollo intelectual: Rol de la atención, del silencio y la memoria.
- Desarrollo emocional: Rol del optimismo, la esperanza y el humor.
- Desarrollo conductual: Rol de la voluntad, la independencia y motivación.

Llegar a desarrollar cada uno de estos aspectos, requiere de un proceso continuo de mantener una rígida autodisciplina, en el sentido de no desviarse del camino a seguir. Demás está decir, que durante las actividades cotidianas se presentarán numerosos agentes que intenten alterar el crecimiento personal: mentira, odio, tensión, distracción, ruido, olvido, pesimismo, temor, mal humor, pereza, dependencia, desmotivación, etc., factores todos que dificultan y disminuyen la eficiencia de las tareas desarrolladas por el sujeto. En innumerables ocasiones se intenta seguir estos caminos erróneos. Sin embargo, para lograr un desarrollo integral (maestría), es necesario liberarse de estos factores, que de por sí, niegan y obstaculizan la emergencia del Ser interior.

Desarrollo moral

Nadie puede negar la fuerza que emana de un individuo cuyo comportamiento se basa y rige por un profundo sentido moral. Para él, la verdad está sobre "su verdad". De ahí que es un agente de hondo carácter de justicia. Sin embargo, seguir la verdad no es para obtener justicia, aunque ésta necesariamente se da con aquella. La verdad se busca porque existe primordialmente un principio o valor moral que la sustenta. Nos referimos al amor al prójimo. Aquí se percibe al prójimo en su sentido más amplio y no en el restringido a los amigos, parientes, conocidos, etc., que establecen una distinción parcial del prójimo.

Verdad: El organismo del individuo responde (consciente o inconscientemente) y acepta las propias aseveraciones (verbales o mentales) como hechos reales teniendo tendencia a que se cumplan efectivamente en algún momento. De ahí, que se dice, que llevamos en nuestro interior un "profeta", que hace de nuestros pensamientos una "profecía auto-cumplida".

Es imprescindible adoptar permanentemente la verdad, dado que ésta se materializa tanto en el aspecto externo como interno del individuo. Así, la *verdad externa* se manifiesta en la predisposición positiva hacia los individuos emisores de la verdad por la percepción consciente de elementos que la sustentan (tranquilidad, conocimiento, experiencia anterior, lenguaje, etc.) y además una percepción inconsciente (gestos, posturas, vocabulario, actos fallidos, etc.). En cambio, la *verdad interna* se materializa en el desarrollo de actividades de carácter parapsicológico. El inconsciente del individuo (asiento de estas facultades) "sabe" que los pensamientos son verdades y, por lo tanto, los transforma en realidades con ayuda de efectos de sincronicidad, telepáticos, precognición, clarividencia, etc. También contribuye a acelerar los procesos curativos (psicoquinesia). De ahí que es fundamental permanecer en todo momento en la verdad, dado, que si no es así, puede producirse y seguramente se producirá lo que se conoce como "error o fallo del PSI" en donde la mente (inconsciente) actúa en sentido inverso a lo que pretendamos, en contra de nuestras propias necesidades. Por lo tanto, una forma, la mejor de salvaguardarse de este problema es, Ser y vivir en la verdad. Recordemos lo que sostenía W. james, "nada de lo que hacemos, hablando en estricta exactitud científica, habrá de borrarse nunca".

Amor: El amor, más que un proceso externo, tiene la característica de ser profundamente interno. El amor el individuo lo vive en su interior como una acción de dar antes que recibir, aunque no se materialice físicamente éste. El amor se entrega desinteresadamente y por lo tanto es permanente. No está limitado por factores del mundo físico, presentándose y conservándose en el espacio y el tiempo. La cercanía o lejanía del "objeto" de amor no incrementa o aminora el grado de amor que le proporcionemos.

El amor puede orientarse hacia lo divino y/o lo humano.

- **Amor a lo Divino**: Uno de los rasgos sublimes del amor en su más pura esencia es el amor hacia la divinidad. Es relativamente fácil llegar a amar a alguien que estimule a nuestros sentidos con su presencia física (dependencia sensorial). Amar a la divinidad, requiere de un sentido de independencia de estímulos sensoriales, lo que permite al individuo estar en presencia de la pureza de amor, sin restricción alguna de orden material que dificulte la comunicación espiritual con la divinidad mediante la oración.

  Toda acción de amor se deriva del amor a lo divino, origen de la creación. Un pensamiento tiene mayor energía mientras mayor sea su pureza (coherencia). El amor a lo divino es un acto de fe. El pensamiento, al igual que cualquier fuente de energía se desplaza mejor cuando no hay resistencia en el medio y esto ocurre en situaciones de pureza de los elementos.

- **Amor a lo humano**: Este tipo de amor está orientado hacia dos formas. Si bien se presentan separados, para fines descriptivos no es factible desligarlos como entidades distintas. Suele confundirse al amor con el egoísmo, sin embargo, no es así. Más bien el amor se relaciona con la justicia o sentido de imparcialidad. De ahí que, la sentencia "amar al prójimo como a sí mismo", denota establecer un justo equilibrio entre la confrontación del amor ajeno y el propio.

• **Auto-amor**: Amarse a sí mismo, es un proceso dinámico que lleva intrínsicamente la naturaleza humana del instinto de preservación de la vida del individuo. Éste buscará su desarrollo y perfeccionamiento en todos los niveles de actividad: física, moral, intelectual, emocional, social, etc. El éxito, cualquiera sea su meta, se inicia con la condición previa de sentirnos apreciados por nosotros mismos. Si estamos enfermos, amando nuestra salud, nos llevará hacia ella; si olvidamos algo, amar nuestra memoria, atraerá el recuerdo; si tenemos dudas, amando nuestra inteligencia responderemos creativamente; si deseamos orientación, el amor de nuestra intuición, nos dará dirección y si sentimos y obramos con amor hacia nosotros mismos, este amor nos dará protección.

• **Hetero-amor**: El desarrollo y evolución del individuo se asemeja al concepto de instinto de conservación de la especie. Esta situación se produce en la interacción entre los individuos masculino y femenino por la acción del amor físico hacia el prójimo, contribuyendo a la perpetuación de la especie, debido a la atracción sexual entre ambos.

Las relaciones de amistad reflejan la conducta que debe seguir el individuo para adquirir y conservar la amistad proyectando en ella el amor hacia el prójimo. Existen algunas sencillas reglas que favorecen el afianzamiento de la amistad: como acercarse lentamente hacia la amistad, mezclando aprecio y afecto con un mínimo de crítica; hacer sentirse cómodo con uno al no tomar dominio en la conversación; recordar las relaciones y cosas importantes para los otros, como sus hábitos, opiniones, etc.; evitar hacerlo sentir inferior dejando que ellos corrijan sus propios errores; por último, recordando que todos somos diferentes, manifestarle un sincero aprecio, pensando, ante todo, en dar más que en recibir.

Desarrollo Psicofísico

Se sabe que existe una estrecha relación entre la actividad física y mental, en ambos sentidos, es decir, cualquier cambio físico altera el aspecto mental y viceversa. El principio científico descubierto por W. James postula que, "por la imitación consciente de las actitudes físicas o acciones que acompañan a ciertos estados mentales, podemos, hasta cierto punto, inducir en nosotros tales estados. Para estar contento, yérguete contento, mira en torno alegremente y condúcete como si la alegría ya te inundara. Para sentirte valiente, obra valientemente, y es muy probable que la emoción del valor reemplazará al sentimiento del miedo".

Considerando lo anterior, un medio efectivo para alcanzar la relajación mental, es adquirir una adecuada relajación física.

Relajación Física: La relajación física es prácticamente el punto de partida de casi todos los sistemas de control de los procesos mentales. Dado que está estrechamente relacionada con la relajación mental, no sólo tiene incidencia directa en nuestra salud, a través de su acción fisiológica en el aparato respiratorio, circulatorio, estructura ósea, reflejos, sistema inmunológico, y también, tiene influencia en los proceso psicológicos, tales como, la concentración, memoria, creatividad, percepción y, por último, favorece la aparición de fenómenos parapsicológicos (telepatía, clarividencia, precognición).

La relajación física puede darse en dos formas: relajación consciente e inconsciente.

- **Relajación Consciente**: En general los métodos y procedimientos de relajación intentan fijar la atención local de partes del cuerpo, sugiriendo verbalmente la pesadez progresiva que acompaña tal estado. El individuo está plenamente consciente y siente como se va relajando y disminuyendo la tensión muscular en sus brazos, piernas, párpados, cuello, mandíbulas, respiración y demás músculos. Existen diversas técnicas de relajación, pero en general procuran que el sujeto adopte una posición cómoda y mediante verbalizaciones monótonas (inducidas o auto-inducidas) se intenta centrar la atención del sujeto en el proceso paulatino de relajación muscular, a veces ayudado de un procedimiento de conteo descendente. Por sobre todo, lo importante es que el sujeto vaya sintiendo las reacciones esperadas a medida que se profundiza su relajación.

- **Relajación Inconsciente**: Este tipo se identifica con la etapa del sueño del sujeto, en donde él se encuentra inconsciente de su cuerpo y su metabolismo disminuye a un grado mínimo, permitiéndole regenerar su energía, de tal modo, de poder enfrentarse con vigor en las nuevas labores del día venidero. No es factible alcanzar un grado de relajación similar al de sueño natural con algún sistema artificial de relajación (consciente) por algún período prolongado de tiempo. De ahí, que el sueño no puede reemplazarse con otro tipo de relajación.

Relajación Mental: Si bien la relajación física contribuye, en gran medida, a alcanzar la relajación mental, importante papel juegan en esta última los elementos psicológicos que adopte el individuo. Entre ellos destacan los conceptos de la verdad y el amor reseñados anteriormente, por la cual el individuo que "vive" estos principios o valores morales adquiere una actitud de serenidad de espíritu reflejada en una cierta calma y por ende de relajación mental.

Desarrollo Intelectual

Uno de los rasgos distintivos del ser humano es la de tener, a su disposición, un elevado grado de inteligencia adecuada para la resolución de sus problemas cotidianos. El proceso de razonamiento requiere de un nivel de comprensión del objeto de análisis y solo es posible integrando tres elementos que facilitan la actividad intelectual: atención, silencio y memoria.

Atención: La atención es un proceso selectivo de percepción, por la cual el individuo elige el estímulo necesario para producirle una respuesta adecuada. Sin embargo, tal elección puede presentarse consciente e inconscientemente, voluntaria e involuntariamente.

- **Atención consciente**: Es la percepción en un instante del tiempo de un estímulo que absorbe y concentra toda la actividad psico-física del sujeto. De ahí, que es importante, para tener una alta capacidad de atención, estar en posesión de un estado de relajación física y mental. La atención puede ser, a su vez, concentrada o dispersa, según sea uno o varios los estímulos que caen en el campo de atención consciente.

- **Atención inconsciente**: Si bien en este caso no se dispone de un control "consciente" de la atención, también puede darse la atención inconsciente concentrada y dispersa, como sucede, por ejemplo, cuando la madre duerme y despierta al menor quejido de su bebé en la pieza contigua. También al despertar al amanecer ante la percepción (inconsciente) de claridad o ante la autosugestión de despertar a una hora predeterminada.

- **Atención voluntaria**: La percepción selectiva voluntaria se orienta básicamente por efecto de las motivaciones del sujeto. Este fija su atención consciente sólo si el estímulo es suficientemente placentero a sus necesidades. Si el grado de placer disminuye, decae la atención voluntaria y se desvía la atención hacia otros estímulos de mayor excitación.

- **Atención involuntaria**: Este tipo de atención es de carácter espontáneo y transitorio puesto que se está sujeto no a motivaciones profundas del individuo, sino que actúa como "interruptor" de la atención voluntaria y por lo tanto, desvía la percepción del estímulo en una fracción de tiempo por efecto de sobrepasar el umbral de excitación de la atención consciente voluntaria.

Silencio: Frente a la exigencia social de emitir una opinión, el guardar silencio refleja cierto dominio de sí mismo y de control de la situación. El silencio acentúa las capacidades de atención consciente, de relajación mental y física, y también favorece el desarrollo eficiente de las actividades intelectuales. Pareciera ser, que en el silencio, el campo de percepción se ampliara, su memoria se acrecienta y se está más cercano a los contenidos del inconsciente, razones que favorecen la creatividad. En el silencio las ideas maduran lo suficiente para germinar en nuevas ideas que favorecen la resolución de problemas. El silencio es una actividad asociada al individuo "pensador". Si bien el "hacedor" puede "hacer" más cosas que aquel, habría que preguntarse ¿las hace bien?

El "maestro" emplea mucho del silencio y aprende y enseña a través de él; habla lo necesario; hace preguntas adecuadas, que a menudo parecen tontas; da su ejemplo; estimula al iniciado a observarlo más que a oírlo; con su silencio lo obliga necesariamente a pensar. La actividad de pensar, entonces, conlleva inevitablemente al proceso del silencio.

Memoria: El rol de la memoria es fundamental en el aspecto intelectual. Retener y recordar información es la base necesaria para efectuar un adecuado procesamiento de ella, permitiendo obtener resultados eficientes frente a los problemas que se le presenten. De ahí que, el sistema educativo tradicional intenta desarrollar preferentemente este aspecto de la conciencia.

Existen diversas técnicas de memorización (nemotecnia). Sin embargo, algunos factores facilitan el funcionamiento de la memoria. Entre ellos se destaca, en primer término, el tener una fuerte motivación de lo que deseamos recordar, dado que si algo no nos interesa, lo olvidaremos rápida y fácilmente, haciéndonos difícil su recuperación. La motivación está ligada a la atención y vice-versa. Si algo nos interesa (motivación), le prestamos atención y si algo nos llama la atención, es señal que nos interesamos en ello. Por otra parte, el estar libres de tensiones (físicas y mentales) con una adecuada relajación incrementamos la potencialidad de la memoria.

Desarrollo Emocional

Un aspecto crucial del desenvolvimiento del ser humano es lo relativo a las emociones. Un individuo percibe su medio con optimismo, mientras otro está sumido en pensamientos negativos; uno tiene esperanzas en su porvenir, mientras otro teme fracasar continuamente; uno le sonríe al mundo, mientras otro vive en el mal humor. Ambos se retroalimentan en su estado de ánimo, sin embargo, mientras uno estimula una dinámica de acción y movimiento, el otro permanece en un estado estático de pesimismo, desesperanza y mal humor. De manera que es importante destacar las funciones que cumplen estas emociones en el desarrollo personal.

Optimismo: Este es uno de los factores relevantes de la filosofía del pensamiento positivo. Este sistema de desarrollo personal se basa en la premisa de que si en el individuo predomina este factor psicológico, implica que se encuentran presente todos los elementos que favorecen la obtención del éxito en sus actividades.

A menudo se olvida el significado del optimismo. Más aún, paradojalmente se le atribuye que contribuye al fracaso "por exceso de optimismo". Esta situación es extremadamente perjudicial en la conducta del individuo puesto que implicaría que de cualquier forma fracasaremos y, por lo tanto, "no vale la pena" intentar modificar y actuar en nuestro comportamiento. Quien reaccione así, desconoce que es su pesimismo el que lo conduce a esa situación de fracaso.

El optimismo lleva en sí un rasgo de esperanza de un futuro positivo. El individuo optimista actúa con un sentido de amplitud de miras frente a algún eventual fracaso transitorio, visualizándolo tan solo como un impedimento que, seguramente, contribuirá a maximizar un beneficio futuro, no perceptible en el presente. Esta estructura del pensamiento le permite continuar y perseverar en su acción hacia el logro de su objetivo. No ocurre así con el pesimista, quien a la menor señal de un eventual fracaso, se resiste a seguir intentando modificar su situación mediante su participación activa en su "proyecto".

Esperanza: La esperanza es la fuerza generadora que ha participado en el desarrollo de la humanidad. La esperanza ha llevado al hombre a la Luna; con ella descubrió continentes y océanos, montañas y abismos; permite descubrir e inventar; da salud y vida; en fin, participa en la realización de actividades de variada índole.

A pesar de que generalmente se asocia a situaciones positivas, también es motivadora de experiencias negativas cuando el individuo teme y espera sucedan situaciones que atentan a su desarrollo personal.

Una vez definida la meta, el individuo deberá mantener con rigurosidad la esperanza de llegar a alcanzar dicho objetivo, debiendo sostenerla con perseverancia, paciencia y voluntad.

Buen humor: La capacidad de tomar el buen lado de las cosas es un mecanismo que, directa e indirectamente, está relacionado con los procesos de relajación, del optimismo y la esperanza. No es posible estar de buen humor si no se está relajado; tampoco si nos falta optimismo; por último, abandonados y sin esperanzas estaremos tristes.

Se reconoce la influencia del buen humor en el funcionamiento del organismo. Favorece las funciones digestivas, respiratorias, circulatorias y musculares. Además, en alguna medida, acelera los procesos de curación, seguramente afectando el sistema inmunológico del organismo.

No debe confundirse el buen humor (o humor sano) con tipos de humor despectivo, grosero e hiriente. Estos últimos provocan directamente una animadversión de quienes son sujetos de risión; indirectamente para el humorista se crea un efecto negativo para el mismo que, tarde o temprano, se manifestará en su comportamiento u organismo (salud, memoria, emociones, etc.). Recordemos que "nada se borra jamás y que nuestro organismo lo integran la mente y cuerpo interrelacionados. La mente, a su vez, se subdivide en un compartimiento consciente y un vasto inconsciente. El óptimo funcionamiento del organismo se da en el equilibrio entre mente y cuerpo y entre consciente e inconsciente. Sucede que, cuando el "humorista" conscientemente se ríe de su broma hiriente, su inconsciente (conciencia moral) deplora esa conducta, dejando huella imborrable en su memoria inconsciente, que puede manifestarse posteriormente en un efecto negativo para él, como una forma de auto-castigo inconsciente. De ahí, que se dice, que no podemos engañarnos a nosotros mismos. Autoridades en la materia señalan que el individuo en las profundidades interiores está dotado de cualidades positivas: bondad, creatividad, honestidad, verdad, etc.

Desarrollo Conductual

La psicología estudia el comportamiento del individuo y su manifestación en su medio. De ahí, la importancia de estudiar la conducta y los factores que inciden en ella. Podría definirse a la conducta como la respuesta efectuada por el sujeto frente a un estímulo determinado. Los factores que favorecen determinada respuesta pueden dividirse en tres componentes básicos que orientan y dirigen el sentido de la conducta: voluntad, independencia y motivación para actuar.

Voluntad: Casi en todos los aspectos de la vida podemos ser ayudados por otras personas. Sin embargo, no ocurre así con la voluntad. El individuo debe hacerlo por sí mismo y no se le puede forzar a actuar de tal o cual forma, si el sujeto no tiene voluntad para ello.

La voluntad es una de las mayores fuerzas motivadoras de la conducta del individuo. Desarrollar una firme voluntad requiere necesariamente del ejercicio continuo de acciones que presenten un grado de esfuerzo y dificultad en su realización. Por lo tanto, ser voluntarioso es un gran paso para alcanzar las metas propuestas, puesto que con perseverancia y paciencia el individuo saldrá adelante.

En la formación de los hábitos, la voluntad actúa durante el proceso de fijación del hábito, pero una vez establecido éste, ya no existe la voluntad de atención consciente, sino que esta se hace automática, inconsciente, exenta de esfuerzo voluntario alguno y, por lo tanto, será necesario iniciar nuevas actividades para ejercitar la voluntad, que requieran un esfuerzo prolongado. W. James, aconsejaba a sus amigos a que tratasen siempre de hacer algo nuevo: escribir un libro, cruzar el océano, ensayar una nueva ocupación, cambiar la rutina cotidiana. Estas actividades inusuales desarrollan, a su vez, la percepción y los procesos de atención y concentración voluntaria consciente.

De esa forma, la voluntad solo se desarrolla en el proceso del cambio de actividades y no en situaciones rutinarias y habituales, que no requieren de un grado de esfuerzo físico o mental prolongado.

Llevar a cabo nuevas actividades hace necesario también disponer de un gran sentido de independencia, que permita cierto grado de libertad para actuar en ellas.

Independencia: Para que se desarrolle el individuo, es necesario un período de aprendizaje, durante el cual se experimente un proceso gradual de evolución de la conciencia de independencia manifestada en sus percepciones, pensamientos y acciones. En esta línea, el hombre, a medida que crece, se vuelve cada vez más independiente de su entorno social; busca el desapego; desarrolla su iniciativa y creatividad; piensa y actúa por sí y para sí mismo; programa y orienta su propio camino, para bien o para mal, pero sí, con independencia de criterios facilitándole con ello enfrentar y resolver los problemas con nuevos enfoques y perspectivas.

No debe confundirse la independencia con el individualismo. En este último, se vive y actúa para sí y solo consigo mismo; en cambio en la independencia, el individuo estando relacionado con otras personas, integra sus propias percepciones, pensamientos y acciones hacia el objetivo común del grupo al que pertenece, conservando eso sí, la libertad de expresar o no su opinión en su grupo de participación.

Hemos visto que la independencia favorece el desarrollo de la voluntad. Sin embargo, el elemento que la mantiene activa y refuerza nuestro comportamiento hacia un objetivo prefijado, es la motivación.

Motivación: Dentro de los factores del desarrollo personal se ha dejado para el final a esta facultad. Esto no quiere decir que sea de menor importancia que los otros elementos.

Una de las características básicas de la motivación, es la facultad de concentrar todos los esfuerzos del individuo hacia el logro de una meta. Mientras mayor sea la satisfacción de esa necesidad (meta) mayor será la motivación que oriente el comportamiento del sujeto. De ahí, que la fijación de metas pareciera ser un medio de ejercitar la motivación. Sin embargo, para un desarrollo personal adecuado es necesario evolucionar desde las metas materiales hacia las espirituales o, desde otro punto de vista, desde las metas transitorias hacia las perdurables.[3]

SEXTO PASO: ¿ES LA MEDITACION UN PROCESO DEL VIVIR?

Claudio Naranjo nos lleva a descubrir, "que la meditación, en sí misma, no es algo totalmente separado o diferente de otras cosas; que más allá de las múltiples formas de meditación,

---

[3] Se pueden clasificar las metas en cuatro grupos: *Materiales* (bienestar propio y de la familia; seguridad económica y política, etc.); *Espirituales* (la verdad y el sumo bien. Desarrollar una filosofía de la vida); *Transitorias* (éxito en el trabajo, en los estudios, concursos, juegos, exploraciones y competencias); *Perdurables* (el deber puro, la conciencia recta, la justicia, la santidad, la salvación de las almas, el amor y servicio de Dios).

entre ellas existe una unidad de espíritu común; que las diversas técnicas de meditación se pueden agrupar de acuerdo a sus características psicológicas." Además agrega que "para un meditador que tenga la actitud correcta, toda la vida es meditación o, dicho de otro modo, meditar es vivir."

Para tener una mayor comprensión del proceso de desarrollo y crecimiento integral de la conciencia, es necesario descubrir la meditación en cada una de nuestras actividades en las cuales tiene participación los componentes de la conciencia: percepción, imaginación, concentración, memoria, emociones y voluntad.

- *Meditación es percepción*: Percibir es recibir información mediante los órganos de los sentidos. La percepción sin el concurso del pensamiento requiere de una adecuada educación que permita excluir cualquier experiencia sensorial anterior que pudiese incidir en la apreciación objetiva del fenómeno observado, dada la facilidad en la producción de falsas percepciones provocadas por distracciones, prejuicios o emociones. De ahí, la importancia de "entrenar" los órganos sensoriales para la aprehensión real de los hechos, sin estar bloqueado por los pensamientos erróneos. Con esto se trata de lograr un estado de receptividad pura de los sentidos, lo cual contribuye a agilizar y desarrollar los órganos y funciones sensoriales, de tal modo, que con ello se logre ver, oir, tocar y saborear lo "real".

  La conciencia históricamente se inició con un acto de percepción sensorial puro, no existiendo obstáculos que dificulten la aprehensión de la información. Los infantes tienden a asociar los sonidos percibidos sin el concurso del pensamiento, sino que se establecen relaciones de las imágenes visuales y sonoras, educando paralelamente los mecanismos del habla al balbucear los estímulos verbales que escucha.

  La percepción sensorial requiere de un período de aprendizaje, de atención y conocimiento en el que mediante asociaciones adecuadas de imágenes mentales, podrá identificarse en forma precisa el estímulo percibido, formándose un "reflejo asociativo" cada vez que vuelva a percibir el mismo estímulo, provocando la misma respuesta imaginaria.

  Por otra parte, la imagen sensorial puede "reproducir y/o anular los estímulos sensoriales, situación que puede ocurrir cuando se experimenta, por ejemplo, una visión, sonido u olor inexistente o también no percibir estímulos reales, por estar concentrado en algo que absorbe toda su atención.

Dado que en toda percepción juega un papel importante la experiencia anterior y la memoria de los sucesos, es fundamental ejercitar esta última facultad.

La percepción puede ser consciente o subconsciente. En esta, se expresan los efectos de la publicidad, sueño ligero, percepción fuera del campo visual-auditivo, etc.

La percepción consciente requiere para su captación y aprehensión del estímulo (luminoso, auditivo, etc.), de un umbral mínimo de excitación de los órganos sensoriales. De ahí que, para efectuar una correcta identificación e interpretación de los estímulos, los órganos sensoriales deberán estar en perfecto funcionamiento.

Como una forma de facilitar la percepción, es importante tener presente algunos factores que la favorecen: un mecanismo de enfoque de atención (concentración) y una actitud de expectación o anticipación de la percepción (imaginación y memoria), elementos analizados más adelante.

Al igual que en los niños, el proceso de aprendizaje y educación de la conciencia debiera iniciarse con una ejercitación y desarrollo de la percepción pura.

La percepción pura contribuye a restablecer la energía nerviosa puesto que el cerebro descansa ante la ausencia del pensamiento e imaginación. De ahí que el Dr. Paul Chauchard sostiene que la percepción sensorial regulariza y estimula las funciones del cerebro regenerando las células cerebrales.

Observar como niños (sin recuerdos ni experiencias asociadas) excluyendo la participación del pensamiento contribuye a facilitar la relajación mental necesaria al desarrollo de la conciencia, controlar los pensamientos conscientemente, incentivar la concentración, amplificar la imaginación y memoria ayudando a formar un criterio objetivo y realista.

- *Meditación es imaginación*: El principio de toda creación está en una imaginación de los deseos, planes y programas de acción. Ella colabora en la fijación de objetivos, esperar resultados, obtención de recursos y todo el proceso que encierra el control de las actividades creativas.

Para sacarle mayor partido a la imaginación y que cumpla efectivamente su rol creador, no debe darse suficiente atención al problema a resolver, sino que una vez conocido este último, inmediatamente centrar la imaginación en el objetivo buscado. Recordad la ley del comportamiento que dice: "si se pone en conflicto la voluntad y la imaginación, esta última será la determinante del resultado obtenido". Esta situación se puede ilustrar con los ejemplos siguientes: dificultad de modificar hábitos invocando para ello la voluntad de cambiar; querer conciliar el sueño, recordar un nombre o vencer la timidez.

Los hábitos pueden cambiarse empleando preferentemente la imaginación antes que la voluntad, de por sí, menoscabada en el sujeto sometido al vicio. Deberá hacerse siempre hincapié en el logro del objetivo antes que en el rechazo del problema con secuencias de asociaciones mentales adecuadas, en términos positivos. Por ejemplo, si se desea la reducción de peso, las imágenes asociadas deberían estar orientadas en los siguientes términos: ¡Llegaré a ser esbelto! Antes que ¡Bajaré de peso! En la cual se estaría reforzando consciente o inconscientemente la imagen de sobrepeso. Por ello es primordial cuidar sobremanera el lenguaje empleado, así como las imágenes visualizadas, las cuales pueden producir el efecto contrario al que deseamos obtener.

Respecto de la dificultad de dormir, el insomne que haga esfuerzos (voluntarios) por rendirse al sueño, no hará más que dificultar la tarea por la tensión correspondiente y mientras más sea su intención, menos probable será el quedarse dormido. En cambio, si se relaja físicamente y emplea su imaginación asociando visiones de calma, excluyendo el esfuerzo excesivo de concentración de la atención, favorecerá la relajación mental necesaria para dormir.

La timidez (de múltiples variedades) puede salvarse o al menos aminorarse mediante una adecuada imaginación. Sin embargo, a veces ocurre que la misma imaginación (mal empleada) incrementa la ansiedad y el temor, por ejemplo, al disertar en público el expositor visualiza tal acción, provocándole palpitaciones, problemas respiratorios y ansiedad como si se encontrara ya frente a su audiencia. Todas estas actitudes anticipan su realización volviéndose a presentar durante la exposición. Una forma de enfrentar este suceso, es imaginando propósitos positivos, no utilizándola para la "eliminación del problema".

Recordar algún tema, fecha o nombre de alguien puede ser en ocasiones de gran dificultad. Fuera del hecho de que se puede mejorar y desarrollar la memoria, en este caso estamos ante una situación en que se quiere recordar algo y no logra hacerlo voluntariamente, lo que induce o motiva una gran tensión, ansiedad y persistencia en recuperar lo olvidado, provocando con esto, la inhibición de la memoria. Se recomienda, entonces, olvidar el "intento de recordar", relajarse y enfocar la atención en otras actividades totalmente distintas. Posiblemente, al cabo de un momento inesperado aflore a la conciencia el recuerdo pues debemos tener presente que si bien nuestra conciencia no ha sido capaz de "recuperar la memoria", el subconsciente continúa su trabajo y es capaz de "recuperar la memoria", el subconsciente continúa su trabajo y es capaz de proporcionarnos la información requerida, aunque seguramente exista alguna razón (conocida o no) del porqué del olvido.

Es fundamental asociar la imaginación con la voluntad, hecho que contribuirá a crearle seguridad y autoconfianza en la realización de sus proyectos. Determinar qué es lo que se quiere lograr y establecer enseguida asociaciones mentales adecuadas a ese objetivo. Así tenemos que la imaginación cumple el rol de anticipar (expectativa) el resultado buscado, comprobando que es más fácil obtener éxito imaginando estar en posesión del objetivo que imaginar el rechazo del problema. Entonces, en cualquier actividad creadora debemos imaginar su plena realización. El arquitecto, el investigador, el artista, visualizan mentalmente el edificio, el descubrimiento y la obra de arte, metas de cada uno de ellos.

Para emplear eficazmente la imaginación, es conveniente previamente delimitar bien el problema (numerosas veces desconocido, mal enfocado o incomprendido), para poder plantearse correctamente el objetivo a seguir, y por último, crear las soluciones adecuadas.

La imaginación tiene profunda incidencia tanto en las actividades sensoriales como en las motrices. Por ejemplo, la concentración de la atención en una idea o en un texto interesante, produce simultáneamente una extinción de la percepción consciente del entorno. También el temor a un estímulo determinado (perro) provoca una respuesta motora (correr).

Sin embargo, para obtener repuestas sensoriales y/o motrices se requiere la participación de la memoria, que permite mediante la comparación de experiencias anteriores (propias o de otros), imaginar la respuesta adecuada a estímulos similares.

Es necesario señalar el papel que cumple para los individuos el significado de los símbolos y que pueden ser diferentes para cada uno de ellos dada la diversidad de experiencias, educación, cultura, creencias, emociones, etc. Las palabras emitidas pueden ser mal interpretadas más allá de su significado literal, según sea la entonación, gestos, calma, confianza, duda, estado emotivo, motivación que acompañe su emisión, situación que dificulta la comprensión del mensaje de la realidad.

En el caso de las autoafirmaciones, el individuo aceptará el significado de las palabras que el mismo les asigne, debiendo prestar atención al contenido de ellas, además de su forma positiva de expresión, en tono directo con frases cortas y precisas, asociándoles imágenes adecuadas ayudándose así en la memorización y concentración de la atención.

- *Meditación es concentración*: Todo proceso de concentración involucra enfocar la atención en un hecho determinado u objeto específico (figura) con exclusión del campo de atención consciente de aquellos estímulos que están fuera de nuestro centro de interés (fondo). Por lo tanto, la concentración provoca simultáneamente dos estados de conciencia: uno de plena atención y claridad de la percepción y otro que cae bajo el nivel de conciencia, presentándose vagos e imprecisos los estímulos. Es la actitud del sabio absorto en su problema y totalmente distraído de su entorno.

Por otra parte, la atención puede orientarse hacia una multiplicidad de estímulos, presentándose un tipo de atención dispersa (ejemplo es la visión periférica). En este caso, la concentración se enfoca expectante hacia la probabilidad de ocurrencia de un acontecimiento futuro. En la concentración la atención se enfoca hacia un hecho presente necesaria para un análisis en profundidad de los problemas.

Lograr la concentración, es quizá el medio más eficaz de alcanzar las metas y objetivos y es una característica de los genios, tener una gran capacidad innata o adquirida de concentración en una misma idea durante prolongados períodos.

El trabajo cotidiano nos brinda la oportunidad de educar y desarrollar la concentración. El hábito permanente del trabajo con verdadera dedicación, absorción y preocupación por el mismo, ignorando toda dispersión, ajena a tal labor contribuye a forjar una voluntad fuerte, una confianza y seguridad en sí mismo, proporcionando un medio en el cual ejercitemos la energía creadora para la resolución de los problemas cotidianos.

La concentración implica conocimiento preciso de lo que se quiere obtener. De ahí que, muchas veces por falta de comprensión de las finalidades perseguidas en una actividad cualquiera, motiva la dispersión de la atención con el consiguiente fracaso en la solución de un problema.

Para que en el trabajo la concentración tenga un efecto positivo en la formación de la voluntad, es necesario que la motivación o impulso a realizar las labores asignadas, sean más bien de carácter netamente morales ante que materiales. El deseo de conocer, desarrollar la creatividad y productividad, lograr metas de producción, desear el desarrollo personal y social son fines totalmente distintos de las motivaciones materiales: renta, beneficios contractuales, poder, relaciones sociales, ambiente de trabajo, etc.

Generalmente la facultad de concentración se presenta en los individuos de fértil imaginación y está íntimamente relacionada con la percepción sensorial. Entonces, cuando se efectúan ejercicios de entrenamiento de la percepción e imaginación, directa o indirectamente se está reforzando la actividad de concentración.

- *Meditación es memoria*: Se puede considerar a la memoria como una de las principales funciones de los procesos mentales, en la que se almacenan y recuerdan todas las percepciones (conscientes e inconscientes), pensamientos y experiencias en que se involucra la persona. Constituye un mecanismo esencial para el aprendizaje de cualquier actividad física e intelectual, puesto que permite efectuar los trenes de asociaciones adecuadas para recobrar la información, como también, establecer las relaciones y comparaciones con las percepciones sensoriales.

Los hábitos físicos y de pensamiento adquiridos por la repetición continua son parte de la memoria, iniciándose con la intervención voluntaria esforzada, llegando a transformarse en mecanismos (reflejos) condicionados, sin participación consciente en ellos. Sin embargo, la conciencia permite ubicar los recuerdos en el pasado, diferenciándolos de las percepciones presentes. De ahí que, a la memoria se le conoce como "la facultad de conservar, reproducir y reconocer las imágenes verbales, motrices y visuales". Por esto, se considera que todo acto de inspiración, creatividad e imaginación no es más que el resultado de la facultad de la memoria que mediante asociaciones, combinaciones, comparaciones y relaciones inconscientes, motiva fijar la atención concentrada hacia un determinado objeto.

Por otra parte, además olvidamos porque queremos y debemos olvidar. El aprendizaje exige, paradojalmente, que olvidemos, es decir, dejemos libre a nuestra conciencia para recibir nuevas experiencias y conocimientos. Para que la información sea plenamente recordada y recuperada por la memoria debe efectuarse el proceso memoria-olvido-memoria con absoluta comprensión del material de estudio, repetición de él, relación y asociación con temas afines, repasos periódicos y una adecuada dosis de confianza en la memoria propia, situaciones, todas ellas, que contribuyen a favorecer y agilizar esta capacidad intelectual.

El temor, la ansiedad, el esfuerzo voluntario por recordar algo, inhiben o retardan el proceso de memorización dado que son elementos que paralizan la imaginación (fuente de memoria). Recordemos la ley de la concentración de la atención: "si la imaginación y la voluntad se contraponen, la imaginación siempre es la vencedora". Por esto se recomienda, en tales situaciones, intentar relajarse y cambiar el enfoque de atención hacia otro tema o actividad; probablemente, luego se recuerde cuando no se esté pensando conscientemente en ello.

Así como la percepción es selectiva, también la memoria registra y acumula solo parcialmente los estímulos y varía según la predisposición, interés, grado de atención, etc. Sin embargo, el hecho de no enfocar la atención consciente en un estímulo determinado puede significar que con posterioridad se presente este "recuerdo inconsciente" como un hecho creado por nosotros mismos, cuando en realidad ya lo habíamos percibido de alguna forma.

Existen diversos procedimientos nemotécnicos para memorizar, que emplean distintas variantes de asociaciones mentales de palabras o grupos de palabras, comparaciones ridículas, combinaciones alfanuméricos, etc.

Por ejemplo:

- Para recordar números:
- dividir el número a recordar en subgrupos de menos dígitos.
- Utilizar frases u oraciones cuyas palabras coincidan con los números de acuerdo a la cantidad de letras de ellas.

- Convertir números en letras claves (excepto vocales) intercalando vocales entre las consonantes para formar palabras.
- Asociar una secuencia numérica a objetos de fácil memorización.

- Para recordar objetos:
- relacionar los objetos con las claves de memoria asociados a la serie numérica.
- Imaginar una escena familiar e integrar los objetos en esa situación.
- Relacionar los objetos a recordar entre ellos mismos.

Antes de pasar al próximo punto, reiteramos que el papel principal de la memoria le corresponde a la imaginación de situaciones asociativas, por extrañas o ridículas que parezcan, lo que facilita el centrar la atención necesaria para una buena recuperación de la información.

- *Meditación es emoción*: El hombre, es la especie del reino animal que ríe y llora, ama y odia, tiene valor y temor, buen y mal humor, dicha y desdicha, ira y calma, optimista y pesimista, en una palabra, puede decir *si* o *no* a la vida. Toda la gama de emociones que puede experimentar el individuo hacen factible producir un cambio de comportamiento mediante el establecimiento de procesos mentales adecuados que faciliten la sustitución de emociones negativas por positivas. Este proceso puede ilustrarse mediante dos efectos:

- Primero, la intensificación de una emoción tiende a reemplazar a una de pequeña intensidad. El acoplar un contenido emocional intenso a una sugestión, tiende a hacerla más efectiva. Así, cuando una persona haya experimentado una sensación placentera y aparece un peligro inminente, la emoción más intensa de temor desplaza a la agradable, que desaparece por completo si el peligro se hace más pronunciado.

- El segundo efecto para modificar las emociones puede enunciarse como el "dominio de la emoción por la acción". Este descubrimiento psicológico de W. James tiene grandes consecuencias prácticas. Por la imitación consciente de las actitudes físicas que acompañan a ciertos estados mentales, podemos, en alguna medida, inducir tales estados. "Para estar contento" aconseja James, "yérguete contento", mira en torno alegremente y condúcete como si la alegría ya te inundara. Para sentirte valiente, obra valientemente, y es muy probable que la emoción del valor reemplazará al sentimiento del miedo".

- *Meditación es voluntad (propósito)*: Hasta el momento hemos señalado el proceso que se lleva a cabo durante la toma de conciencia de cierta información. Se inicia este proceso con la etapa de adquisición de conocimiento mediante la percepción sensorial, para su posterior elaboración, almacenamiento y evocación (memoria) en los procesos del pensamiento de un impulso (intención o propósito) que origina y activa la voluntad de actuar, completando así el ciclo percepción-pensamiento-acción. La voluntad otorga dinamismo al proceso, dado que nos proporciona la esperanza de la transformación de los pensamientos y deseos en realidades.

Actuar, trabajar, estudiar, crear, incluso pensar, requiere del ejercicio continuo de la voluntad. El avance de la civilización y los conocimientos científicos obtenidos mediante la observación, reflexión y experimentación han contribuido al actual desarrollo tecnológico gracias, en gran parte, si no exclusivamente, a la participación con paciencia, esfuerzo y persistencia de la voluntad del ser humano.

Desarrollar una firme voluntad requiere de un proceso previo de reflexión, que oriente nuestro actuar con un sentido de entendimiento, juicio, habilidad, seguridad y decisión. Por otra parte, la voluntad ayuda directamente en la formación de nuestro carácter, confianza en sí mismo, aprendizaje, adopción y cambios de hábitos, dominio de las emociones, etc.

El ejercicio de la voluntad se lleva a cabo considerando tres aspectos o requisitos para lograr una meta:

- Definir claramente las metas
- Esperanza en el logro
- Ser consecuente

La paciencia, esfuerzo y persistencia en la formación de hábitos mediante la repetición continua de los actos, confiere al sujeto de una voluntad enérgica. Asimismo, los fracasos y problemas a que nos vemos enfrentados educan nuestra voluntad al ir buscando soluciones a éstos y así estaremos reforzando la confianza en sí mismo. Por último, recordemos lo que nos dice W. James, "no aguardéis a que se hayan encontrado todas las soluciones. Es bien improbable que todas las soluciones se conozcan jamás. Poneos a la obra ahora mismo y comprobad, por el ensayo y aún a riesgo de error, si estáis siguiendo el rumbo adecuado".

SEPTIMO PASO: ¿ES LA ILUMINACION UN PROCESO DE SER?

L. de Broglie, Premio Nobel de Física comenta: "Esas felices casualidades, solo le acontecen a los que lo merecen, a los que por su esfuerzo prolongado han llegado al borde del descubrimiento, a los que, habiendo consagrado su vida al estudio de una ciencia y conociendo a fondo los datos del problema que estudian, están completamente preparados para asir la solución buscada, cuando por cualquier casualidad se les ofrezca de repente". Por otra parte, el P. Riaza, concluye: "En los descubrimientos, tenidos por casuales, aparece de ordinario, tomando también parte en mayor o menor grado, un hábito de observar, un espíritu alerta e inquisitivo, cierto instinto científico, algo temperamental, una inteligencia preparada para percibir e interpretar la causalidad, una intuición especial para apreciar como con un fogonazo tras el detallito anómalo el descubrimiento fascinante".

Si bien el estado de conciencia "iluminación" se presenta en un momento inesperado y en forma instantánea como algo que no guarda relación con las vivencias percibidas en los instantes previos a la "chispa creativa", es necesario conocer, que detrás de ella ha existido un proceso de la creación cuyas etapas son necesarias y suficientes para generar el acto de iluminación.

Comenzamos este proyecto efectuando una fragmentación de la conciencia al dividir a ésta en siete estados del Ser. Pareciera, entonces, que el buscar la unidad suprema del Ser hace necesario experimentar una fragmentación de la conciencia. Sin embargo, la conciencia de unidad es la conciencia de la totalidad del Ser o conciencia universal, en donde no existe separación alguna, ya sea de estados de conciencia, de formas de educación, de medios de actuación grupal y de los procesos de cambio; no existe división espacio temporal; el Ser en conciencia de unidad trasciende todo lugar y todo tiempo, toda persona y toda cosa, por lo tanto, no se siente identificado y separado en diversos egos. Para él, no existe la necesidad de satisfacer el ego, lo que explicaría, en parte, del por qué aquellos que se han desidentificado del ego, rara vez dan una opinión favorable o desfavorable de alguien y, si lo hacen, puede considerarse como una situación de excepción. De ahí, que tampoco buscan reconocimientos, ya que al aceptarlos implicaría de por sí, una separación de egos. También la satisfacción del ego de otras personas llevaría una especie de autocongratulación, dado que la conciencia experimentada en un proceso de desidentificación, es única y por lo tanto estaríamos felicitándonos (egoístamente) a nosotros mismos, aunque aparentemente percibimos e identificamos fragmentariamente a las personas como ajenos a nuestra conciencia.

De todo esto, puede concluirse que para alcanzar la plena expresión de sí mismo debe buscarse la desidentificación del ego, es decir, experimentar la vida no como un fragmento de la conciencia, ni satisfacer las necesidades del ego, externas e internas al individuo, sino que por sobre todo se deberá percatar de que él forma parte de la totalidad de la conciencia. Por lo tanto, intentar desidentificarse del ego en todas sus formas y características específicas, es una condición para acceder a una experiencia de iluminación y creación.

El proceso de evolución de la conciencia puede considerarse como el "retorno a la desidentificación del proceso de identificación": la vuelta al origen, donde se une el principio y el fin, alfa y omega.

En sus comienzos, la conciencia emerge de un estado de completa desidentificación, de vacío mental, de conciencia pura; no existen fragmentaciones ni fronteras entre el infante y su medio. Paulatinamente, a medida que vaya creciendo el niño, empieza a establecer una conciencia de separación: identificación de sí mismo, de las cosas, personas, animales, etc. Percibe con el tiempo, a su cuerpo separado de su mente y de todo lo demás; sus pensamientos son solamente suyos; su memoria lo mantiene sujeto al pasado. Se puede decir que la vida del individuo es la historia del proceso de identificación y que existen innumerables elementos que contribuyen a este proceso de sumisión identificatorio de la conciencia, de tal modo, que creemos que sólo existe esta forma de percibir la realidad. Sin embargo, en situaciones especiales, como en el sueño, concentración de la atención, meditación, hipnosis, estados alterados de conciencia, etc., se presentan formas de desidentificación e el cual el individuo trasciende los modos habituales de percepción de la realidad.

Las etapas de crecimiento personal, se transforman en un proceso continuo de identificación de diversos estados de conciencia, que originan cambios de comportamiento, reflejados tanto en las percepciones, pensamientos y acciones. Por otra parte, el individuo se identifica con una pauta general de comportamiento que le sirve de guía de referencia para su actuar. El proceso de identificación continúa al integrarse el individuo (actor) a un grupo comunitario (centro de conciencia) liberado de estructuras y de plena participación; esta fase puede considerarse como el preinicio al proceso de desidentificación o despertar de la conciencia de unidad. Entonces, como señala Kart Jasper: "El hombre puede sobremontar la separación del sujeto y el objeto en una plena identificación de estos dos términos, con desaparición de toda objetividad y extinción del yo. En ella se abre el verdadero ser y al despertar queda la conciencia de algo de una significación hondísima e inagotable. Para quien la experimentó es esa identificación el verdadero despertar y el despertar a la conciencia en la separación del sujeto y el objeto más bien el sueño".

De todo esto surge el sentido de educar la conciencia mediante un sistema de aprendizaje vivencial, cual es el implementado en este libro. Con esta forma de transformación personal y social, se recorre la evolución de la conciencia mediante el proceso de "darse cuenta" de la identificación del proceso y del cambio que significa en la percepción de la realidad al adoptar un sentido de des-identificación del proceso de identificación. De ahí que, esta fase pasa a constituirse en la etapa final del proceso de evolución de la conciencia.

(II) Hacia una Forma de Vida Consciente

Introducción

Iniciarse en la investigación del campo de la conciencia puede llevarlo a conocer los alcances, actitudes, técnicas y procedimientos necesarios para llegar a obtener el pleno potencial y desarrollo de la conciencia que le permita al individuo convertirse, con conocimiento y esperanza, en gestor de su propio destino. El auto-desarrollo conseguido le permitirá tener acceso a las capacidades internas y ponerlas al servicio de su propia conciencia. En última instancia, los poderes interiores ya no estarán sujetos al arbitrio de la espontaneidad e ignorancia, sino que el individuo, con conocimiento y fe, programará y controlará conscientemente sus propias necesidades. A la vez que lleguemos a ser "capitán de nuestra alma", podremos adquirir, seleccionar e incorporar en nuestro comportamiento, todos aquellos valores que reconozcamos como elementos creadores del perfeccionamiento en busca de la autorrealización.

Así como los niños imitan a los mayores en su forma de hablar, caminar y gestos (además de los hábitos de pensamiento), así también deberemos seleccionar de los demás aquellos rasgos característicos del ideal que pretendemos llegar a ser. Recordar que si bien los malos hábitos y las malas compañías nos alejan de nuestro objetivo por efecto de la imitación consciente-inconsciente, W. James señala, "asimismo las acciones y horas de trabajo, una a una, pueden hacer de nosotros, o santos o sabios o peritos". También el trato frecuente con personalidades excepcionales o de sus biografías o pensamientos y citas, son capaces de crear y desarrollar en nuestra propia individualidad las más altas capacidades.

Ahora bien, como en todo proceso de aprendizaje, también en el plano de la conciencia se requiere de un período de comprensión y aplicación práctica de los principios que le conciernen a objeto de establecer las bases para la formación de un hábito de "actitudes correctas". De ahí que establecer un plan de desarrollo de la conciencia conlleva a dividir el proceso de educación de la conciencia en diversos aspectos: aprendizaje, crecimiento, desarrollo, actividad y rol del individuo, educación autoritaria y humanista.

1. Aprendizaje.

Toda actividad que desarrollamos durante la vida, requiere de un proceso de aprendizaje. El organismo humano, frente a los estímulos del medio reacciona sensiblemente mediante las percepciones (conscientes e inconscientes) elaborando procesos mentales que motivan respuestas voluntarias o involuntarias, estableciéndose una coordinación entre las percepciones, pensamientos y acciones. La experiencia obtenida con el proceso de aprendizaje contribuye a perfeccionar el mecanismo empleado como método de aprendizaje: asociativo o programado.

La ley de contigüidad empleada en el aprendizaje asociativo (AA) señala que frente a la proximidad temporal de dos sensaciones, se origina una asociación mental de ellas y la presentación de una, evoca la memoria de su correspondiente sensación asociado. Este principio se utiliza en psicología bajo el nombre de asociación libre y también en pruebas nemotécnicas.

El aprendizaje programado (AP) (o máquina de enseñar), se vale de un conjunto de etapas del programa que deberán irse avanzando de acuerdo a la propia experiencia individual. El sujeto en AP, no pasará a las etapas siguientes mientras no esté preparado para ello y haya controlado la etapa anterior. Por lo mismo, no deberá saltarse etapas. Con los éxitos parciales que va logrando, refuerza y motiva continuar avanzando hacia el objetivo final. Los propios individuos ajustan su rapidez de aprendizaje.

En teoría de aprendizaje, se hace una distinción entre los estímulos cuyas respuestas sea o no aprendidas (condicionados e incondicionados). Para finalizar señalaremos que lo interesante es que en el aprendizaje condicionado la conducta del sujeto está motivada por la expectativa por la cual se aprende a esperar sucesos, lo que a su vez genera la conducta del mismo, situación que se traduce en un reforzamiento del proceso de aprendizaje.

2. Crecimiento.

La educación de los estados de conciencia es un proceso de aprendizaje lento, continuo y permanente por lo que debiera iniciarse desde temprana edad, con el objeto de lograr un mayor y mejor perfeccionamiento del individuo. El objetivo de esta educación es la de proporcionar al sujeto del conocimiento científico, de medios y procedimientos adecuados para el desarrollo armónico de su inteligencia, creatividad y de su propia voluntad, creándole una independencia y libertad de acción. Por lo tanto es necesario disponer de una autodisciplina constante, de manera que permita al individuo enfrentarse a los problemas y darles soluciones óptimas.

Las fuentes de educación de los estados de conciencia (similares a las del conocimiento) son de tres tipos, relacionadas con las facultades psico-orgánicas del individuo: sensorial, mental y motora, asociadas a las funciones de percepción, razonamiento (imaginación, concentración y memoria) y voluntad.

Las técnicas de AA y AP contribuyen a ejercitar los estados de conciencia de aprendizaje configurando además una estructura de pensamiento que facilita y profundiza continuamente el crecimiento de la conciencia del aprendiz.

Si bien las fases inferiores de los estados de conciencia (AA y AP), no están orientadas a desarrollar facultades superiores (telepatía, clarividencia, precognición, sincronicidad, etc.), con el crecimiento de los estados de conciencia se puede tener acceso a estos poderes interiores al individuo. Este, liberado de los estados inferiores comienza a experimentar una especie de expansión de la conciencia que no está limitada por las dimensiones espacio-temporales.

La fase intermedia de crecimiento de los estados de conciencia cumple un papel de entrenamiento y conocimiento de los cambios que debemos experimentar en nuestras actitudes frente a las diversas actividades desarrolladas por el individuo, el cual debe vivenciar como un proceso de cambios, tanto en su forma de ser, como en el modo de vida que lleva. De ahí que, esta fase puede experimentarse como un medio de evaluación del aprendizaje obtenido en la fase anterior. Además de determinar el nivel de desarrollo en que se encuentra el individuo, esta fase permite también efectuar las debidas correcciones que faciliten y orienten la educación de los estados de conciencia.

3. Desarrollo.

La investigación de la conciencia puede comenzar requiriendo de una nueva forma de educación humanista, de un medio de aprendizaje y crecimiento que favorezcan el pleno desarrollo del individuo. Para ello no solo es necesario conocer las diversas formas y actitudes que debe efectuar la persona autorrealizada, sino que es fundamental experimentar: las actividades del proceso de desarrollo de la conciencia, asumiendo los roles asignados a los agentes del cambio, a los estados de conciencia y a la educación de la conciencia.

- *Actividades en el Desarrollo*: En general se define como actividad la facultad de obrar (actuar). Normalmente se asimila esta palabra a una acción física. Sin embargo, también realizamos una actividad en los procesos de percibir y pensar. De ahí que, en toda actividad humana se pueden dar estos tres elementos (percibir, pensar y actuar). Del predominio de uno de ellos, se determina el rol que asume el sujeto (conocedor, pensador, hacedor). Durante el aprendizaje de una actividad el individuo experimentará un proceso de cambios que orientará su conducta y actitud, desde una etapa inicial hasta una de comprensión integral de la actividad. Así, el proceso transcurre desde el rol de "aprendiz" hasta el momento que pueda llegar a convertirse en "maestro" de tal actividad.

  Es factible ejercer control de las actividades en alguna de las etapas de este proceso asumiendo el individuo el rol adecuado mediante un cambio de su estado meditativo (de conciencia). Puede así orientar sus actividades hacia objetivos positivos, eliminando o reduciendo las actitudes negativas que pudiese presentar eventualmente.

  Cabe hacer presente que toda actividad, de por sí, no es ni fácil ni difícil, sino que el individuo es el que determina el grado de dificultad de la misma, por sus motivaciones, expectativas y actitud de agrado o desagrado hacia ella. Por ello, es sumamente importante controlar estos factores inhibidores del desarrollo eficiente de las actividades, dado que en la práctica se va conformando una estructura de pensamiento que incide en la forma de enfrentar cualquier tarea que requiera nuestra atención en el futuro.

  De todo esto se desprende, que es factible asociar y programar las actividades para el éxito o fracaso, la salud o enfermedad, la riqueza o pobreza. Es lo que los psicólogos denominan "el valor de la propia imagen" y que les ayuda a percibirse a sí mismo de tal o cual forma.

- *Rol en el Desarrollo*: De todos los seres vivos, es quizá la especie humana la de mayor complejidad en cuanto a su comportamiento multifacético. Así lo reconoce C. Jung al postular que las características de Introversión y Extroversión son "un concepto superficial y demasiado general" que sirve para identificar los tipos de conducta humana, y sostiene "cuatro tipos funcionales corresponden a los medios evidentes por los cuales obtiene la conciencia su orientación hacia la experiencia. La percepción (es decir la percepción sensorial) nos dice que algo existe; el pensamiento nos dice lo que es; el sentimiento nos dice si es agradable o no lo es; y la intuición nos dice de dónde viene y a dónde va". Además agrega que pueden existir muchos criterios de clasificación de los tipos de conducta individual, "como fuerza de voluntad, temperamento, imaginación, memoria y demás".

Es necesario distinguir el papel que puede asumir el individuo desde el punto de vista de su interacción con su medio y de las actividades desarrolladas. En éstas, el sujeto deberá primero llegar a conocer y definir el campo, los límites y alcances de ellas. Posteriormente, deberá poner en juego los procesos del pensamiento que le permitan mejorar su rendimiento y eficiencia. Sin embargo, importante es tener la voluntad de actuar para llevar a cabo la actividad. Así tenemos que, conocer, pensar y actuar son los requisitos necesarios en las actividades. De ahí que, es conveniente hacer un análisis del rol del individuo al efectuar estos procesos aunque, en estricto rigor, normalmente se dan y confunden en una sola unidad. Sin embargo, se presentan signos reveladores del rol principal que asume el sujeto. Por otra parte, hay que considerar que nuestras percepciones afectan nuestros pensamientos y lo contrario también es cierto. Además las percepciones inciden en las acciones y vice-versa. Por último, los pensamientos influyen en las acciones y éstas en aquellos. Ya lo sostenía W. James, "Para estar contento, yérguete contento, mira en torno alegremente y condúcete como si la alegría ya te inundara. Para sentirte valiente obra valientemente, y es muy probable que la emoción del valor reemplazará al sentimiento de miedo".

Educación Autoritaria.

El individuo que establece una sociedad de cualquier índole forma con ésta un vínculo de tal naturaleza que involucra en ello toda su identidad, estructurándole una forma de vida particular que orienta sus percepciones, sus pensamientos y sus acciones, en una palabra, lo transforma en un "ser sociable" perteneciente a tal sociedad con sus propias creencias y sometido a su influencia consciente o inconscientemente. Todas sus actividades y roles están "programadas" por esa sociedad particular. Tienen preferencia en ella, el poder autoritario de sometimiento de la voluntad, situación que inhibe los procesos mentales de la creatividad e intuición; la presión psicológica que aumenta el estrés afectando la salud; el empleo del aprendizaje asociativo y programada, dejando de lado otros modos, como por ejemplo, la intuición y las emociones; el deterioro de los valores y principios éticos, afectando su actuación moral.

Hay varios autores que reflejan este tipo de "cultura autoritaria". Así por ejemplo, Marilyn Ferguson en su obra *La Conspiración de Acuario* nos señala los aspectos "erróneos", en el poder y la política, en la salud y medicina, en la educación y aprendizaje y también en lo económico sobre los valores. Por su parte, Carl Rogers en su texto *El Camino del Ser*, nos describe los aspectos negativos que están afectando una política educativa tradicional.

Erich Fromm presenta en *"Ética y Psicoanálisis"* un análisis del carácter definido como "el patrón de conducta característico de un individuo dado". El análisis se sitúa en una diferenciación de los tipos de carácter: de orientación improductiva y de orientación productiva.

Respecto de los rasgos de carácter improductivos, éstos se clasifican en:

- Orientación receptiva[4]
- Orientación explotadora[5]
- Orientación acumulativa[6]
- Orientación mercantil[7]

Un análisis más detallado y extenso de las características del "pensamiento autoritario" reseñado por estos autores será posible obtenerlo recurriendo a sus obras.

---

[4] Orientación receptiva: "la persona siente que la fuente de todo bien se halla en el exterior y cree que la única manera de lograr lo que desea es recibiéndolo de esa fuente."
[5] Orientación explotadora: "no espera recibir cosas de los demás en calidad de dádivas, sino quitándoselas por medio de la violencia o la astucia, y que el individuo no puede producir nada por sí mismo."
[6] Orientación acumulativa: "hace que la persona tenga poca fe en cualquier cosa nueva que puede obtener del mundo exterior; su seguridad se basa en la acumulación y el ahorro, en tanto que cualquier gasto se interpreta como una amenaza."
[7] Orientación mercantil: "experimentarse a uno mismo como una mercancía y al propio valor como un valor de cambio."

Educación Humanista.

Como puede observarse, todos los aspectos negativos y "concepciones erróneas" del comportamiento humano están favoreciendo al sistema imperante en nuestra actual sociedad en donde los elementos que la sostienen y le dan su "razón" de existencia son básicamente la apropiación de objetivos del prójimo, incentivar el egoísmo, fragmentación de la educación y cultura, adoración del poder y la riqueza, del dinero, posición social, impulsar el consumismo y mantener al individuo en un estado latente de sumisión y programación, causantes de la tensión nerviosa o estrés. El resultado de esta estructura del comportamiento de la sociedad se traduce en que al individuo no le es posible escapar de esta "conciencia de sumisión y dependencia", puesto que cualquier intento de alterar esta situación conlleva a adoptar un cambio de conducta, unas "concepciones correctas" y aspectos positivos que transformen integralmente sus pensamientos y actitudes en frente y en contra de su medio. Como vimos, la educación autoritaria se enmarca en un proceso de sumisión en que se enfoca la atención en el pasado o en el futuro de realización de un rol o actividad, en cambio la plena educación humanista se manifiesta en la conciencia de la eterna presencia.

EXPERIENCIAS VIRTUALES EN EL PROXIMO FUTURO

Recientemente veía un programa de televisión en que se decía, más o menos, lo siguiente: "En el año 1000, las comunicaciones se efectuaban en el entorno inmediato y para llevar un mensaje a otra parte, se utilizaban los caballos. Hoy, en el año 2000, las personas se comunican inmediatamente a la velocidad de la luz, por todo el planeta, a través de internet. Para el año 3000, se espera que exista una comunicación directa de los seres humanos y no se requiera de equipos, estableciéndose un contacto virtual con todos los seres y cosas del planeta o con otras dimensiones."

¿Sabían, que hoy tenemos los medios y la tecnología que permite, en meditación con música, trascender en forma virtual la identidad hacia aves, peces, animales, vegetales, minerales y humanidad en general; trascender el espacio, trasladándonos hacia otros lugares y trascender el tiempo, viajando a otras épocas? Además, podemos acceder al conocimiento directo de la relación de los objetos con las personas (psicometría) y obtener información clarividente y telepática. También, esta tecnología Neurocuántica puede ser aplicada en superaprendizaje virtual y en biorresonancia mórfica para la salud. Ya se viene aplicando en estos campos. ¿Cómo podemos acceder a esto? Existe un programa de meditación y relajación modular que, mediante un proceso vivencial, se obtienen estos fenómenos virtuales.

En otras palabras, ¿Sabían, que en estados meditativos y de relajación, podemos aprender directamente en tres dimensiones, a color y en movimiento, con todas las sensaciones que produce la inmersión virtual, identificarnos con el comportamiento de un ave, pez, animal, vegetal o mineral; experimentar visiones del mundo del origen de las ideas y de creación de las "formas platónicas"; Viajar a otros lugares conocidos o desconocidos de otros tiempos; Comunicarnos sin lenguajes ni gestos, sino en forma telepática en resonancia con los objetos de las personas (psicometría). Todas estas aplicaciones en la educación permiten acceder a un conocimiento directo e intuitivo de la realidad, que están disponibles actualmente y que pueden complementar el conocimiento tradicional ofrecido por los organismos e instituciones educativas.

Del mismo modo, ¿Sabían que se puede aumentar la eficiencia y productividad del trabajo hasta límites increíbles, mejorando sustancialmente la concentración, elaborando nuevas ideas, estructuras y modelos sólo empleando algunas técnicas de meditación, de visualización y relajación, que permiten extraer información del inconsciente para aprender, comprender y crear nueva información, con el mínimo de esfuerzo por parte del individuo. Existen técnicas que van disminuyendo las tensiones y el estrés, aumentando la concentración y visualizando los temas a desarrollar, lo que permite efectuar con pleno éxito las labores individuales y colectivas. La aplicación de estas técnicas en las empresas puede hacer de ellas "empresas líderes de la eficiencia".

Más aún, con herramientas de meditación y relajación se puede vivir una experiencia consciente de vidas pasadas o futuras, "de vidas anteriores a las humanas, incluso hasta los inicios de la evolución, vidas de animales, dinosaurios, plantas, vidas moleculares primitivas sobre la tierra, minerales, formación de la tierra y de la luna, moléculas, átomos, formación del sol, electrones, protones, formación de galaxias, partículas cuánticas, e incluso del Big Bang mismo". Respecto de las vidas futuras, una proyección transpersonal de la evolución nos pone en contacto con la totalidad del universo de la conciencia, de la unidad cósmica.

Este salto evolutivo, o Big Bang del comienzo de la rápida evolución de la conciencia, según la hipótesis planteada en mis libros, estaría influenciada en gran medida, por la construcción de esa "máquina del tiempo" (combinación de sonido e imagen) para acceder a la realidad virtual.

La Experiencia del Ciclo Evolutivo (EXCE) o también llamada Experiencia Cercana de la Evolución, permite experimentar el proceso evolutivo de la conciencia y el cerebro, al establecer comunicación silenciosa con los orígenes del Cosmos y la creación de las estrellas y planetas; la conciencia de formación de los minerales, vegetales y animales; la vivencia de nuestros ancestrales cavernícolas; el avance hacia la conciencia comunitaria moderna; las sensaciones y emociones de nuestros días; la expansión y trascendencia de la conciencia y la experiencia espiritual. El proceso, en esencia, logra poner al alcance del participante de la experiencia de evolución de la conciencia desde los orígenes del Universo hasta sus ancestros y llevarlo posteriormente, a sentir su desarrollo y evolución hacia la espiritualidad.

Después de haber presenciado todo esto, no me cabe la menor duda que ya estamos en posesión de la tecnología de la conciencia necesaria para acceder a la realidad virtual ahora, en la década del 2000, y no esperar hasta el año 3000, como anunciaba la noticia en televisión al comienzo de esta nota. Más aún, siempre hemos permanecido en la mente virtual. Es así que, podemos plantear que hoy existen cuatro formas de intervenir en la conciencia virtual. Primero, en conciencia de la cotidianidad, conciencia ordinaria o *mente virtual ordinaria* (MVO) estamos viviendo una realidad que se aparece como que se nos da objetivamente y de la que no tenemos control alguno, pues las intenciones son involuntarias e inconscientes. Segundo, tenemos la *mente virtual dirigida* (MVD) que es un sistema cerrado que orienta nuestras acciones mediante instrucciones de un agente externo como se da en la hipnosis, sugestión, PNL y visualización dirigida, como ejemplos de técnicas de acceso a esta realidad. Tercero, emerge la *mente virtual compleja* (MVC) que centra su accionar en los procesos de los sistemas abiertos y autopoiésicos. Por último, está la *mente virtual ordinaria transformada* (MVOT) que es el estado de plena presencia

Epílogo

En la segunda parte de mi libro *Para salvar la Tierra*, se nos despliega una metodología para alcanzar profundos estados ampliados de conciencia, que modifican de raíz nuestra percepción cotidiana de la realidad y que le dan un nuevo sentido a nuestra forma de vida. Sin embargo, después de volver de ese proceso, a nuestra vida cotidiana, se produce un vuelco o transformación en la conciencia que nos lleva a comprender, que todas y cada una de nuestras experiencias están relacionadas y sincronizadas con una mayor conciencia: una conciencia universal. Y, ahí, por primera vez, asumimos el verdadero control de nuestra vida.

El encuentro con la *Realidad Virtual* mediante el proceso del MOVIMIENTO DE LA REALIDAD, nos lleva a preguntarnos ¿qué somos? ¿Qué capacidades podemos alcanzar? y ¿somos quizá inmortales? Creo que debemos dejar estas preguntas planteadas y dejar abierto este epílogo porque ahora, desde aquí, comienza para cada uno de nosotros un mundo de una realidad cambiante; una nueva forma de ver y hacer la realidad; un complemento de nuestra forma de percibir y actuar en este mundo; una nueva riqueza que supera todas las riquezas que en la vida pudiésemos alcanzar; una forma de aprender a aprender; un control responsable de la salud; un sentido en nuestra labor cotidiana; una relación con todo lo que nos rodea; un caminar con una visión de la ciencia; un amor a la vida y todo lo que engloba; la belleza en lo pequeño y la grandeza de lo simple. Fuimos evolucionando quizás cuando nuestra conciencia despertó a una percepción inesperada, de un encuentro con la realidad cambiante, que supera toda explicación racional. Esto nos abrió la mente y salir a la búsqueda de encontrar una respuesta o un camino que nos libere de esa inquietud. Trajimos así muchas herramientas para satisfacer nuestra necesidad de aprendizaje exterior que nos permitiese comprender. Pero hemos llegado al comienzo. Partimos de nosotros y llegamos a nosotros. Lo que andábamos buscando ya lo teníamos. Entonces, con nosotros hemos terminado la búsqueda. Hemos encontrado la libertad. Y por ello, simplemente ya es hora que termine...para volver realmente a comenzar.

Comenzar con una nueva capacidad que habíamos dejado en el olvido. Que casi habíamos perdido en el camino de la evolución. Hoy, ya no estaremos sometido a una sola forma de percibir el mundo, sino que desde ahora tenemos la opción de ver y sentir la esencia de la realidad. Existen muchos caminos que nos ayudarán en esta travesía. Tenemos herramientas de respuestas objetivas para mejorar nuestra salud. También existen a nuestra disposición los medios autónomos, que nos facilitan el encuentro con esa "realidad aparte". Las potencialidades de la mente ya están "a la vuelta de la esquina". Disfrutemos de la naturaleza de la realidad de la mente, comenzando a tomar verdaderamente las riendas de nuestra vida. Nadie lo hará por nosotros.

Al término de este proceso, podemos hacernos la pregunta de, ¿Hacia dónde puede llevarnos la experimentación "caótica" de estas realidades? Responder a ella, puede ser el comienzo de una transformación del Ser que implique una nueva visión de la realidad.

Bibliografía

Arons, H. (1968). Nuevo curso básico de hipnotismo. Buenos Aires: Glem.

- (1969). Técnicas rápidas de hipnotismo. Buenos Aires: Glem.
- (1967). Manual de autohipnosis. Buenos Aires: Glem.

Berman, Morris. (1990). El reencantamiento del mundo. Santiago de Chile: Cuatro Vientos.

Buber, M. (1990) ¿Qué es el hombre? México: Fondo de Cultura Económica.

Ferguson, M. (1980). La conspiración de Acuario. Barcelona: Kairós.

From, E. B (1985). La revolución de la esperanza. México: Fondo de Cultura Económica.

- (1986). Y seréis como dioses. México: Paidós.
- (1986). Etica y psicoanálisis. México: Fondo de Cultura Económica.
- (1985). Tener o ser. México: Fondo de Cultura Económica.

Maslow, A. H. (1971). La personalidad creadora. Barcelona: Kairós.

- (1987). El hombre autorrealizado. Barcelona: Kairós.

Maturana, H. y Varela, F. (2004). De Máquinas y Seres Vivos. Argentina: Editoriales Universitaria/Lumen.

Naranjo, C. (1993). La agonía del patriarcado. Barcelona: Kairós.

- (1989). Psicología de la meditación. Buenos Aires: La Frambuesa.

Peña, O. (2004). El Universo en un Instante de Conciencia. Stgo de Chile: Lom Ediciones Ltda.

- (2005). El Universo en una Caverna. Santiago de Chile: Mago Editores.
- (2006). Cambio de Sentido. Santiago de Chile: Mago Editores.
- (2008). Para salvar la Tierra. Santiago de Chile: Mago Editores.

Rogers, C. (1989). El camino del ser. Argentina. Troquel.

(1984). Grupos de encuentro. Buenos aires: Amorrortu.

Ryzl, M. (1986). Cómo potenciar la mente. Barcelona: Martínez Roca.

Stone, W.C. (1984). El sistema infalible para triunfar. Buenos Aires, Argentina: Grijalbo S.A.

Varela, F. (1999). Dormir, soñar, morir. Santiago de Chile: Dolmen Ediciones.

- (2005). Conocer. Barcelona: Gedisa.

Varela, F.; Thompson, E.; Rosch, E. (2005). De cuerpo presente. Barcelona: Gedisa

Watzlawick, P. (1986). El lenguaje del cambio. Barcelona: Herder.

(B) EL UNIVERSO EN UN INSTANTE DE CONCIENCIA

PREFACIO

Marshal McLuhan, en el último párrafo de su libro "La Aldea Global", señala en forma profética: "Para ser utilizado en la era electrónica, se necesita un modelo de comunicación del hemisferio derecho, tanto porque nuestra cultura ha sido completado el proceso de cambiar sus modos cognoscitivos del hemisferio izquierdo al derecho, como porque los medios electrónicos son en sí del hemisferio derecho en sus normas y operación. El problema es descubrir un modelo que congenie con nuestra cultura y sus residuos de la orientación del hemisferio izquierdo. Dicho modelo tendría que tener en cuenta la aposición de figura y fondo (los hemisferios derecho e izquierdo trabajando juntos y en forma independiente cada vez que fuera necesario) en lugar de una secuencia abstracta o un movimiento aislado del fondo".

Las etapas del proceso autonómico, presentado en este libro, desarrolla un modelo de una visión holográfica del cerebro, que comprende la integración del funcionamiento coordinado y simultáneo del hemisferio izquierdo y derecho del cerebro. El libro "El universo en un instante de conciencia" contiene las etapas conscientes del proceso de percepción. En su primera parte se desarrollan las características del proceso del modelo de percepción y en su segunda parte, los resultados inmediatos y posteriores conscientes de su aplicación. Por otra parte el libro "Espacios de la mente" (en revisión), corresponde a la parte oculta, inconsciente del proceso de la percepción y el acceso a las múltiples formas de vida de la naturaleza. Luego, podemos decir que "El universo en un instante de conciencia" es un libro del hemisferio izquierdo y "Espacios de la mente" es un libro del hemisferio derecho. Ambos textos confluyen hacia una integración del proceso de la percepción, desde una visión fotográfica a una percepción holográfica de la existencia.

Para tener una visión integral del modelo, sería recomendable iniciarse con la lectura de la Aldea Global de Marshal McLuhan y, posteriormente, continuar con este libro, para concluir con Espacios de la mente. Los dos primeros se centran en la ciencia de la conciencia y el último se enfrasca en la tecnología de la conciencia y sus aplicaciones.

Ahora, si aplicáramos la estructura de tétrade (cuatro partes) de McLuhan al proceso autonómico, tendríamos que este proceso intensifica el uso del espacio acústico del hemisferio derecho y a su vez deja obsoleta la idea de que solo es importante el espacio visual del hemisferio izquierdo (aplicado en Occidente durante los últimos 4000 años). También recupera o vuelve a unir (re-ligare) la funcionalidad simultánea de ambos hemisferios o espacio visual y acústico (usado en forma aislada y esporádica en la historia humana). Por último, cuando se lleva más allá de su potencial existe un cambio o inversión desde el enfoque visual al holográfico, pasando de lo secuencial a lo simultáneo en la aplicación del proceso a todas las actividades humanas.

La vida y la realidad pareciera que se nos da, o refleja, como externa a nosotros, y de la cual no somos responsables ni autónomos para manejarla a nuestro arbitrio. Sin embargo, esta forma de presentarse el mundo de la realidad no es más que un modelo aceptado por nuestras creencias. La forma tradicional de percibir la realidad es como una imagen fotográfica de captación ocular de la imagen de un objeto externo, cuyo reflejo de forma invertida en la pared interna del ojo, es "girada" por el intérprete cerebral que traduce finalmente la recepción del objeto "externo". Esta creencia ha permanecido por siglos en nuestra forma de interpretar la realidad. Este modelo de la percepción se ha derivado a todo ámbito de las actividades humanas. Incluso la ciencia usa en su método científico la observación de objetos para considerar la aseveración de sus hipótesis.

Hemos podido comprobar que si cambiamos nuestras creencias podemos percibir otra realidad. La nueva creencia es otro enfoque del mismo fenómeno u otra visión, desde otro punto de vista. Así, por ejemplo, la forma de percibir la realidad como una imagen holográfica de construcción de la imagen de un "objeto mental interno", cuyo reflejo en la realidad externa se fabrica por el intérprete cerebral que traduce finalmente la recepción como un objeto "externo" a él. Para llegar a esta visión, comencemos por revisar diversos tópicos que encierran más de una realidad.

La primera de las visiones corresponde a una forma de visión fotográfica (o espacio visual) que representa la atención de una imagen (figura) captada por el hemisferio izquierdo del cerebro en los términos de McLuhan, frente a la segunda visión interna y oculta de la percepción del hemisferio derecho (espacio acústico) de desatención (fondo). La simultaneidad de ambos modos de percepción produce el despliegue de un encuentro resonante (visión holográfica) en el límite de intersección de ambas visiones.

El proceso autonómico presentado en este libro y en Espacios de la mente, emergió en forma intuitiva a fines de los 80 como un modelo modular de meditación, cuya característica era combinar simultáneamente aspectos del hemisferio izquierdo y derecho, de tal modo de producir un efecto resonante de interferencia de ondas neurológicas. El resultado fenomenológico era tratar de producir una imagen de realidad virtual (holográfica). Con el avance de la tecnología en la medición de las etapas del proceso de un instante de conciencia (F. Varela) se comprendió que el modelo de percepción no ordinaria (en meditación) no era más que una réplica de las etapas de lo que ocurre en un instante de conciencia ordinaria.

Como veremos, el desarrollo futuro de este modelo tiene múltiples aplicaciones en todas las actividades humanas. Puede representarse como el descubrimiento del ADN de la información del siglo XXI. La descomposición del proceso de la comunicación en sus partes visibles y ocultas. El despliegue de la estructura interna y la confluencia del presente, el pasado y el futuro de la conciencia.

PRIMERA PARTE:

EN UN INSTANTE DE CONCIENCIA

INTRODUCCIÓN

El hombre no ha descubierto aun lo que le permite descubrir. Como sostiene el Dalai Lama, "todo el tiempo utiliza su conciencia y no sabe qué es ni cómo funciona". Si consideramos, a la luz de la investigación de un instante de conciencia (Varela), que la percepción de una realidad constituye un proceso y contiene etapas, a pesar que lo sentimos y creemos instantáneo, y si logramos reproducir o modelar ese proceso, se podría construir una realidad alternativa.

Sabemos que la conciencia puede considerarse como un sistema abierto (por interacción con el medio) y esta es una particularidad de las estructuras disipativas. También, está permanentemente expuesta a fluctuaciones, por los "quiebres" o crisis, que debe consumir (disipar) para mantener la coherencia y equilibrio del sistema. Entonces, diseñar un modelo de estructura disipativa con participación de las etapas del proceso de un instante de conciencia, permitiría reproducir la conciencia ordinaria de la realidad.

¿Qué ocurre en un instante de conciencia? De acuerdo a las últimas investigaciones, sucede un proceso en cuatro etapas. Por ejemplo, para tomar un lápiz para escribir. Primero enfocamos la atención a una intención de escribir; luego, **reconocemos** (recordamos o imaginamos) la forma de un lápiz; enseguida, **sincronizamos** nuestra mente-cuerpo para tomar el lápiz; por último, **respondemos** tomando el lápiz y termina ese instante de conciencia para comenzar otro, como es el escribir, olvidando el anterior. Así, ocurren infinidad de instantes de conciencia, que se van coordinando en una historia personal. Durante el proceso de la toma de conciencia ordinaria permanecen ocultas las etapas de reconocimiento y sincronización mente-cuerpo. De lo único que somos conscientes, son la intención y respuesta inmediata. Si nuestras intenciones no se transforman en una respuesta coherente con aquellas, surge un problema entre las etapas de reconocimiento y sincronización mente-cuerpo, lo que puede traducirse en una disfuncionalidad del sistema. Es como no dejar que fluya la energía. Por ejemplo, si encendemos el motor de un vehículo emitirá gases por el tubo de escape. Nuestra intención es que funcione la máquina. Pero si no dejamos escapar los gases (respuesta) taponando el tubo de escape, el motor se des-sincroniza, no funciona y se detiene.

El modelamiento de esta forma de percibir un instante de conciencia, nos permite crear una historia de una realidad alternativa. El modelo de Meditación Disipativa (MD) contempla las etapas señaladas (intención, imaginación, sincronización, respuesta) en donde se fabrica una realidad en la continuidad del proceso autonómico. Desde este punto de vista, el modelo se aproxima a la percepción de la realidad ordinaria. En el límite, ambas realidades se confunden.

La diferencia, por el momento, entre la realidad ordinaria y no ordinaria, obtenida en ambos sistemas, radica en el tiempo de respuesta. Si bien en la realidad ordinaria es instantánea la respuesta, en MD puede aminorarse la respuesta excluyendo la etapa de intención (efectuándola en otra instancia temporal) yendo inmediatamente a la etapa de reconocimiento y sincronización (como una señal posthipnótica).

Todo esto nos permite vislumbrar también la posibilidad de crear realidades no ordinarias, en un instante de conciencia, como sucede habitualmente con la conciencia ordinaria. Investigar esta perspectiva traería enormes repercusiones aplicadas en la forma de enfrentarse a la educación y salud por la economía de costos, tiempo y métodos. Lo más importante del modelo de la realidad no ordinaria, es que nos permite comprender que lo transpersonal ya se encuentra presente en la conciencia ordinaria, sólo que está oculta.

Como ya sabemos qué nos ocurre (proceso en etapas) en un instante de conciencia, en lo sucesivo nos dedicaremos, primero, a reproducir e investigar ese proceso en el modelo de MD en la percepción de la realidad no ordinaria, hasta aproximarnos a un instante de conciencia ordinaria, de tal modo de disponer de otra forma de acceso a la realidad. En segundo término, centraremos nuestra discusión en la visión misma del modelo de la conciencia y meditación, como estructuras disipativas con el uso simultáneo del lenguaje verbal y no verbal en el proceso. Esto nos llevará a adentrarnos en los estados y estructuras de la conciencia, como elementos de una ciencia de la mente. Por último, veremos el rol de la intencionalidad en la plena presencia, de cómo lograrla y de lo lejos que se encuentra en nuestra cotidianidad (estado de sumisión) por lo oculto de nuestra intencionalidad. Los datos, metodología, procedimientos y aplicaciones de esta proposición se encuentran en el texto Espacios de la mente: un modelo constructivista. Por lo tanto, todo este set de información conforma una unidad integral, que se despliega en el proceso de vivir una experiencia de la realidad en un instante de conciencia.

I. Proyecto: un modelo de la conciencia ordinaria

Hace dos años (28 de agosto de 2002) el Dalai Lama le comentaba a Daniel Goleman: "Todos usamos todo el tiempo la conciencia y, sin embargo, nadie sabe qué es y cómo funciona".

Conocer la conciencia permitiría conocer el proceso (funcionamiento) de la toma de conciencia. A su vez, conocer el proceso de la conciencia nos llevaría a comprender qué es la conciencia. Esto nos permitiría construir realidades alternativas. Desde el punto de vista constructivista la realidad se construye en el proceso de la conciencia. Entonces, modelar el proceso de la conciencia ordinaria permite reproducir la construcción de la realidad.

El modelo de meditación disipativa (MD) es un proceso de construcción de una realidad subjetiva. Si asimilamos las etapas del proceso de la MD a la toma de conciencia ordinaria, la diferencia entre las realidades ordinaria y subjetiva se da en el tiempo de respuesta de las etapas del proceso de la toma de conciencia.

Sabemos por experiencia, que en la conciencia ordinaria es instantánea la percepción de la realidad y, por lo tanto, no creemos que se construye en tan poco tiempo. Sin embargo, en mediciones sensoriales (en niveles de microsegundos) se verifica que existen etapas en el proceso de la conciencia: intención, recuerdo, sincronización y respuesta. La MD utiliza estas etapas en la construcción de realidades subjetivas. El proceso regular de la MD difiere en el tiempo desde 5 a 10 minutos. Sin embargo, puede reducirse el tiempo bajo los 5 minutos (ha habido respuestas a menos de los 2 minutos). Llevada hasta el límite en el tiempo (que sería una línea de investigación) este proceso se asimilaría a la conciencia ordinaria espontánea.

El modelo de MD permitiría investigar el proceso de la conciencia ordinaria y llegar a establecer qué es la conciencia o al menos vislumbrar un camino de investigación y descubrimientos, que trataría de resolver los problemas planteados por el Dalai Lama.

El modelo de meditación disipativa Cread 90, planteado en "Espacios de la mente", es una buena alternativa a la investigación del rol de la conciencia en la construcción de la realidad (enacción). Una primera investigación podría ser averiguar el tiempo de respuesta mínimo de la MD en el margen aproximativo a la conciencia ordinaria.

II. Paradigmas de la conciencia y meditación, como estructuras disipativas

Thomas Kuhn introdujo en su obra "Estructura de las revoluciones científicas" el término Paradigmas, que explica la forma en que se estructura un sistema del conocimiento. Para los fines de esta nota, hablaremos de cambios de paradigma de la meditación (conciencia), como un sistema abierto, asimilado a una estructura disipativa, en aquellos hitos del proceso de la meditación (conciencia), en que se produce un cambio estructural de este cuerpo del conocimiento. No se hará una profundización de las formas tradicionales de meditar (ser conscientes), como un despliegue de los sistemas paradigmáticos, sino más bien se hará un énfasis en el cambio, en el sentido de mostrar las fluctuaciones que significan un cambio de paradigma de las formas de meditar (ser conscientes) en el proceso de la meditación (conciencia). Todo lo demás, comprende "hacer más de lo mismo". Un cambio de paradigma, es no sólo saltar a otro nivel de la información, sino a otra forma de "hacer" y "ver" la información. En una palabra, es un salto cuántico de una estructura disipativa, que es el conocimiento de la meditación (conciencia), en este caso.

Para comenzar este modo de enfrentar el problema planteado, haremos una breve revisión de las formas tradicionales de meditar (ser conscientes) para llegar a la proposición postmoderna de tres puntos de vista, estructurales y simultáneas en la forma de meditar (ser conscientes) en el proceso de la meditación (conciencia).

Antes de desarrollar este esquema, podríamos decir que las formas históricas de meditar (ser conscientes), constituyen en cierta medida en el tiempo a un cambio de paradigmas, pues hay cambios estructurales en las formas de meditar (ser conscientes), que necesariamente pueden asimilarse a un cambio paradigmático. Sin embargo, la revisión de la forma tradicional de efectuar una meditación (conciencia), cualquiera sea su forma, puede tener cambios menores en el sentido del concepto de Kuhn. Entonces, en este análisis, sólo haremos énfasis de los cambios estructurales de las formas y procedimientos modernos de meditar (ser conscientes) y no pondremos nuestra atención a la repetición continua del proceso de la meditación (conciencia).

Efectuando una revisión de las formas de meditar (ser conscientes), podemos verificar que en principio existirían tres enfoques que se han mantenido hasta nuestros días, a pesar de que ha habido intentos de modificar esta situación. En primer lugar, hay una posición de que se debe emplear una sola forma de meditar (ser conscientes) durante el proceso de meditación (conciencia) y de forma permanente en el tiempo (Holling). Todo el proceso no está sujeto a fluctuaciones y permanece como un sistema cerrado. El segundo enfoque de la forma de meditar (ser conscientes), consiste en dedicarse por un tiempo a meditar (ser conscientes) en una sola forma y, posteriormente, ir cambiándolo periódicamente a otras formas de meditar (ser conscientes) (LeShan). La última posición sostiene y recalca que a pesar de que pueda cambiarse en el tiempo de formas de meditar (ser conscientes), de ninguna manera se debe cambiar la forma de meditar (ser conscientes) durante el proceso de la meditación (conciencia) específica (Fontana). Como vemos, los tres enfoques postulan un sistema cerrado de inmodificar la forma de meditar (ser conscientes) en el proceso de la meditación (conciencia), sin embargo, esto es incompatible con la formación de una estructura disipativa. El cambio de paradigma es, entonces, cambiar la forma de meditar (ser conscientes) hacia un modelo de sistema abierto de diversas formas de meditar (ser conscientes). De ahí, que podríamos señalar que la nueva forma de meditación (conciencia) se puede designar como una Meditación (conciencia) Disipativa (MD-CD) que incorpora multiplicidad de formas de meditar (ser conscientes) en el proceso de la meditación (conciencia).

Normalmente se considera que la meditación (conciencia) se debe realizar individualmente y en la soledad, sin participación de otra persona, de tal forma, podríamos decir, que la meditación (conciencia) es asimilable más bien a un proceso de autohipnosis. Sin embargo, la meditación (conciencia) grupal tiene enormes posibilidades de llevar al participante a un viaje por su conciencia interior, pues facilita y acelera la entrada en trance meditativo (conciencia). A pesar de que en alguna medida se efectúe la meditación (conciencia) con participación de un guía o de otras personas, el proceso que experimenta el sujeto es, de todas formas, y así lo siente él, como de una vivencia autodirigida, pues él controla permanentemente y en gran medida todo el proceso de la meditación (conciencia), incluso para despertar.

Un punto importante, que no hay que dejar pasar, y considerar en el proceso de la meditación (conciencia), es el método que aplicaremos para producir el trance de expansión de la conciencia. Si bien para fines de análisis se presentan separadas, las formas de meditar (ser conscientes) se integran como una estructura disipativa, en el proceso de la meditación (conciencia).

En general existen tres formas de estructurar el proceso de la meditación (conciencia):

- método verbal (sensorial)
- método periverbal (perisensorial)

97

- método transverbal (trans-sensorial)
- método de interferencia periverbal transverbal

Método verbal (sensorial)

Son aquellas técnicas que utilizan principalmente la palabra como medio para producir el trance. La hipnosis, PNL, sugestión, visualización dirigida, viaje visionario y todas las técnicas que utilizan la sugestión (verbal) directa y permanentemente durante el proceso, desde su inicio hasta el término de él, serían ejemplos clásicos de este tipo. Fuera de centrar lo verbal en la intencionalidad de la meditación, se agrega una preparación verbal para el sujeto sin experiencias en estas técnicas. Se recomienda utilizar este tipo de método en sus comienzos y, posteriormente, una vez que el sujeto adquiera autonomía en la inducción al trance, emplear el método transverbal que ya no requiere conocer conscientemente la intencionalidad de la meditación (conciencia).

Dado el descubrimiento de que cada persona tiene su propia velocidad de ritmo de captación y comprensión, el método verbal se ajusta y adecua más a las personas que "nadan" a la misma frecuencia o ritmo de la transmisión verbal. Sin embargo, todas aquellas personas que posean un ritmo menor o mayor que la frecuencia rítmica de las sugestiones verbalizadas, por falta de captación y comprensión de lo verbalizado, dificultarán o impedirán el acceso a la conciencia ampliada. Sólo aquellas que marchen al ritmo de la verbalización experimentarían los beneficios de la meditación. En este método se requiere de cuatro elementos que deben estar sincronizados: primero, viajar al mismo ritmo que la verbalización; segundo, captación de lo verbalizado; tercero, comprender el mensaje; cuarto, sentir en el cuerpo el mensaje transmitido.

Método transverbal (trans-sensorial)

Más que un método, este proceso es una experiencia. En ella durante todo el proceso no hay participación alguna de la palabra. Incluso la intencionalidad de la experiencia está oculta. Se aproxima esta vivencia a una experiencia de visión interior, mística, psicodélica o espontánea de crisis de transformación, como las descritas anteriormente en el proceso de evolución inconsciente de la conciencia. Como decíamos, "las crisis de transformación pueden ser el resultado de una enfermedad, accidente u operación, del cansancio y falta de sueño, del parto o del aborto, de una experiencia emocional o sexual, cambios en una relación afectiva, pérdida del trabajo o bienes, etc." Experiencias como encuentros con ovnis, experiencias cercanas a la muerte, despertar kundalini, viajes chamánicos y experiencias cumbres, cuya intencionalidad permanece oculta, producen experiencias de transformación y evolución de la conciencia en un proceso transverbal. El hecho de que la intencionalidad permanece oculta se comprueba cuando a través del método periverbal se obtiene los mismos fenómenos conociendo la intencionalidad de la meditación (conciencia) utilizada en este último método.

Método periverbal (perisensorial)

Este método se encuentra entre los dos métodos anteriores (verbal y transverbal). La característica del método periverbal (alrededor de lo verbal) es que utiliza en menor medida la palabra para producir el trance. Por ello, el método periverbal y transverbal se encuentran íntimamente ligados. Se asemeja a la experiencia del genio, que ha estado por mucho tiempo pensando una idea y de pronto le llega de golpe la solución esperada.

Como decíamos, la integración de estos dos métodos corresponde a aquellas técnicas en que la palabra participa en menor medida, sólo al comienzo (para reforzar la intencionalidad del proceso definida en el método verbal) y al final (si fuera necesario) para "despertar" o salir de la meditación. La parte intermedia de este método se reemplaza por un estímulo rítmico (como la música) que ayuda en las fluctuaciones disipativas, además de profundizar y mantener el proceso de la meditación. La meditación del sonido primordial, respiración holotrópica chamanismo, visualización libre y mántrica serían representativas de este método. Como señala S. Grof, "Para investigar las nuevas fronteras de la conciencia es necesario superar los tradicionales métodos verbales que recogen los datos importantes. Muchas experiencias que se originan en los dominios más remotos de la psiquis, tales como los estados místicos, no se prestan a las descripciones verbales. Por ende es evidente que uno debe emplear procedimientos que permitan a la gente acceder a niveles más profundos de su psiquis, sin depender del lenguaje."

La señalada dificultad del método verbal de acceso al trance, no se produce con el método periverbal-transverbal, pues en estos solo se requiere de dos elementos a sincronizar: viajar al mismo ritmo del estímulo (música) y sentir el cuerpo la intención de la meditación (conciencia) definida antes de iniciar el proceso.

El modelo CREAD 90, presentado en este libro, utiliza en el proceso de la meditación preferentemente el método de estructura o meditación disipativa MD (verbal, periverbal y transverbal).

Para obtener un buen resultado en la aplicación del método de MD, es necesario de MD, es necesario antes de iniciar el proceso, dejar bien en claro la intencionalidad de la meditación (conciencia). De ahí que, se hace reiteradas veces una descripción inicial de los alcances de la meditación (conciencia) a desarrollar durante el proceso del trance.

Es necesario, decir también, que los dos métodos señalados (verbal y periverbal) están emparentados con los métodos de educación tradicional y personalizado desarrollados por C. Rogers.

El método de educación tradicional, pone de manifiesto el énfasis en la instrucción verbal, dirigida y controlada por el instructor que posee el poder de elegir los objetivos recepcionados por el sujeto pasivo y obediente de las instrucciones.

El método de educación personalizada da prioridad a la comunicación periverbal, en que ya no hay instructores, sino facilitadores, que comparten el conocimiento y las intenciones son fijadas por los propios sujetos y facilitadas por el ambiente de apertura y autonomía del proceso de aprendizaje.

Las tres categorías de métodos de acceso a la realidad no ordinaria descritas anteriormente (verbal, periverbal y transverbal) pueden asimilarse a las categorías de energía de Bohm.

El método verbal, de menor nivel, asimilable a la *categoría expuesta de la energía*, es también una expresión o manifestación de la realidad material. La *categoría envuelta de la energía* se asocia al método periverbal en que se anticipa la intención de lo que vendrá y se manifestará como expresión de la realidad física y de acceso a todas las realidades o universos físicos. Por último, el método o más bien experiencia transverbal, se aproxima a la categoría del dominio del potencial puro, en la que no existe o se encuentra oculta la intencionalidad, que se manifiesta o expresa en los otros dos métodos señalados.

Con el método de MD, hemos aprendido a acceder a estados de meditación (conciencia) con la ayuda y guía de un instructor del proceso. Conocimos y experimentamos con diversas técnicas, que nos fueron capacitando a cambios de conciencia cada vez más profundos. Recorrimos un camino de evolución de la conciencia siempre con la guía del instructor. Al finalizar el proceso de transformación quedamos en una condición de abandono, que no es tal, pues estamos en condiciones de asumir el mando por sí mismo, sin ayuda de nadie más.

La experiencia periverbal permite que usted y solamente usted, pueda introducirse en cualquier estado de conciencia y desplazarse en la integralidad de la funcionalidad dual de la conciencia. Esto nos permitirá tener un mejor control y calidad de nuestra vida, sin la necesidad de recurrir a otras personas para la inducción verbal ni tener una intencionalidad inconsciente de la experiencia transverbal.

Para comprender el sentido de las técnicas de este libro y no tener ningún problema que pueda perjudicar el acceso a la experiencia periverbal de conciencia interior, se recomienda haber participado de las técnicas de meditación y relajación con la ayuda de un guía (método verbal y periverbal).

Método de interferencia periverbal-transverbal

Este proceso genera interferencias de impulsos nerviosos visuales y acústicos que en el proceso circular de la energía nerviosa provocan una interferencia vibratoria de ondas, produciendo con ello un holograma de interferencias, que al ser interpretado, se despliega en una imagen virtual con participación de todos los canales sensoriales (vista, oído, tacto, olfato y gusto). Si se mantiene la coherencia de los impulsos neurológicos a través de la estimulación acústica, cada imagen virtual que aparece, retroalimenta una nueva percepción de imágenes y una descripción por el intérprete, transformándose así, en una historia virtual reconstruida.

La integración de estos cuatro métodos permite que la palabra participa cada vez en menor medida, solo al comienzo (para reforzar la intencionalidad del proceso, definida en el método verbal) y al final (si fuera necesario) para "despertar" o salir de la meditación.

Como vemos, se puede meditar en las diferentes formas o métodos descritos anteriormente. De este modo estaríamos meditando en un sistema cerrado (la forma elegida de meditar). Sin embargo, **la integración de los cuatro métodos en un solo proceso de meditación**, resulta en la aplicación a un sistema abierto en donde es posible el despliegue de una estructura disipativa y, a su vez, el despliegue de una realidad holográfica. Entonces, la estructura disipativa sería el medio en que se despliega el orden implicado del universo holográfico.

Como síntesis de lo que hemos querido plantear, terminamos con los siguientes comentarios.

Sabemos, que en la percepción de una realidad ordinaria ocurren en un solo instante (milésimas de segundo) etapas bien diferenciadas de forma inconsciente. Primero existe una intención (consciente u oculta) de percibir una realidad. Segundo, expectantes imaginamos, intuimos o sabemos (recordamos) la configuración de esa realidad buscada. Tercero, sincronizamos la intención e imagen configurada de modo de auto-organizar nuestro cuerpo-mente para efectuar una respuesta. Por último, aparece la respuesta cuerpo-mente como una realidad buscada (percibida). Podemos constatar que el proceso de toma de conciencia de la realidad ordinaria y trascendente (en meditación disipativa) es similar y sólo se diferencian en el límite de tiempo de acceso a esas realidades.

Comprender las etapas del proceso de toma de conciencia de la realidad ordinaria, permite reproducir en meditación disipativa (MD) el proceso de la construcción de otras realidades. El límite de tiempo del proceso de construcción de una realidad por la MD, es el proceso de construcción o percepción de la realidad ordinaria. Así, por ejemplo, si reducimos el tiempo del proceso de la MD de 10 a 5 minutos y si continuamos acortando esta brecha de 5 hasta llegar a 1 minuto, podríamos concluir que la MD es un modelo de la toma de conciencia ordinaria en la construcción y percepción de la realidad.

Tres ritmos danzan en el mundo. Uno es el verbo, la voz. El otro es el símbolo, la imagen. El último es el propio ritmo, la música. Sólo podemos "hacer" y "ver" al integrarlos. Si carecemos de uno de ellos somos discapacitados para percibir la realidad trascendente.

¿Qué es la meditación (conciencia)? Es un proceso de autonomía. Ahora se nos da una nueva oportunidad y visión de las formas de meditar (ser conscientes) para llegar al proceso de autonomía. Viajaremos maravillados por la evolución de la conciencia a través de vivir la experiencia del ciclo evolutivo. ¿Qué siente el águila? ¿Cómo vive el primitivo en su caverna? O, más aún, ¿cómo fue la creación del universo y los planetas? Todas estas y otras interrogantes, se nos van desplegando en el desarrollo de este libro y de "*Espacios de la mente*"; es una síntesis de un modelo de evolución de nuestra conciencia y de los medios para alcanzarla. Pasearemos con nuestros héroes de la ciencia, como Prigogine, Sheldrake, Bohm, o nuestros transpersonalistas, como Grof, Wilber, o nuestros antropólogos, como Lakey y Wesselman. Ellos y otros nos llevarán de la mano hacia otros niveles de evolución.

III. La estructura del átomo y holografía en la conciencia

Otra forma de ver la estructura dela conciencia, es asimilarla a la estructura del átomo. La materia está compuesta por átomos que históricamente, antes de Einstein, se suponía no podían dividirse ni destruirse. Con el advenimiento de la energía atómica, se liberó la enorme cantidad de energía que contenía el átomo. Al desintegrarse el átomo, se producía la explosión atómica, con la liberación poderosa de energía. Llevar a cabo un proceso similar en la estructura de la conciencia, trae aparejada la comprensión de que en el universo, los principios que lo rigen pueden aplicarse a diversos niveles de escala del conocimiento. Ahora, si suponemos que la materia compuesta por moléculas es equivalente a una experiencia de conciencia compuesta por varios coordinados instantes de conciencia, **un átomo sería equivalente a un solo instante de conciencia.** Entonces, la descomposición (desintegración) del instante de conciencia en sus partes componentes, de acuerdo a los principios de la naturaleza, debiera liberar una energía encerrada y oculta en el interior del instante de conciencia (átomo). Durante el desarrollo de una experiencia de descomposición del instante de conciencia (similar a la desintegración del átomo) se liberan enormes cantidades de información (energía) que se regula en el proceso de la meditación disipativa con el control de la etapa de sincronización. Para conservar esa enorme cantidad de información en un pequeño espacio-tiempo solo es posible, con los conocimientos actuales, estar concentradas en un sistema holográfico, es decir, que en una pequeña porción del cerebro, se distribuya toda la información necesaria del nivel biográfico, perinatal y transpersonal de conciencia. Las estructuras disipativas como la MD operan en el nivel cuántico que facilita la producción del proceso holográfico. El acceso a la memoria holográfica se facilita en cada instante de conciencia con la transformación de la intención en una imagen visualizada, que genera un patrón de búsqueda en la etapa de sincronización de las neuronas cerebrales (con la ayuda de la música), generando la estimulación neurológica que produce una corriente energética coherente y sincronizada en que se despliega la percepción virtual de la realidad buscada.

IV. Capacidad de la mente

Se dice que no usamos más allá de un cinco por ciento de nuestra capacidad de la mente. Incluso algunos sugieren que un tres por ciento sería generoso.

Hoy por hoy, para estudiar la realidad del universo, se acepta el efectuar una separación de la estructura del conocimiento a gran escala, a media y a pequeña escala. La mente no escapa a ello. La conciencia sensorial podemos asimilarla a que en condiciones normales tiene acceso al conocimiento de la realidad solo a media escala y en la conciencia cuántica se adquiere conocimiento directo de la realidad a pequeña y a gran escala.

Podemos decir, que el conocimiento de la realidad a pequeña escala está relacionado con el descubrimiento de varios aspectos de la ciencia:

Primero, en *Física cuántica*, ya mencionado, se puede describir la generación y el recorrido de un fotón en la emisión estimulada de radiación de energía como la siguiente historia metafórica de un fotón: Soy un fotón, que me desplazo por el universo del tiempo y el espacio. Me puedo identificar con cualquier cosa viva o "muerta" de este universo. Es decir, puedo trascender tanto mi identidad como el espacio-tiempo. Puedo transformarme en onda o volver a ser nuevamente partícula, dependiendo de mi intención. ¿Cómo llegué a eso? En un principio, estoy formando parte diminuta de una porción del cuerpo humano. Me siento como tocando o rodeando este cuerpo. Es, como si estuviera apagado, dormido, invisible, sin sonido, ni luz propia, casi inerte y, sólo vibrando en ondas incoherentes con otras porciones diminutas del cuerpo humano. De repente, como en una nube, algo me estimula y despierta y me lleva hacia el interior del cuerpo. Parece un sonido o una fuerza ondulatoria poderosa que hace que me mueva como en remolinos, cada vez más fuerte y empujando a otras porciones a seguir ese movimiento vibratorio y ondulatorio. Comenzamos a avanzar y retroceder en vaivén. Chocamos en las paredes, caímos y rebotamos en un lugar oscuro como un tubo largo o túnel. Al desplazarnos de nuestro lugar de origen tratamos de volver iluminando nuestra senda para no perdernos y, como todos avanzamos iluminando cada vez con mayor intensidad, salimos despedidos como en una sola corriente de luz y chocando en las paredes del túnel salgo al fin con todos, velozmente al unísono, despedidos fuera por algún lugar del cuerpo humano. Ahora veo, desde fuera, de donde venía, un cuerpo humano y, hacia donde voy viajando por el universo del tiempo y del espacio.

Segundo, en *Antropología*, los descubrimientos de figuras geométricas, denominadas imágenes entópticas (del interior de la visión), dibujadas en las cavernas de los primitivos habitantes del planeta, como señala *Richard Leakey*, han sido consideradas primero, como simple "arte" o "simples garabatos ociosos, graffiti, actividad lúdica: decoración espontánea realizada por cazadores con mucho tiempo a disposición, como lo describe Bahn", considerando las imágenes enigmáticas, signos geométricos sin significado obvio. Incluyen puntos, cuadrículas, uves, curvas, zigzags, espirales y rectángulos; en segundo lugar tales imágenes han sido consideradas "poco significativas para el proceso de autoexploración y autocomprensión, señalando, además, **Stanislav Grof**, que parecen representar la barrera que uno debe cruzar, antes de emprender el viaje hacia su propia psique inconsciente, considerándolas como que parecen reflejar la arquitectura interna de la retina y otras partes del sistema óptico". Es significativo que se le ha dado tan poca importancia a este fenómeno (una página de 500), siendo que este proceso neurocuántico, sería la fuente (instrumento) de acceso al inconsciente transpersonal. Así lo señala *David Lewis-Williams*, quien "ha ofrecido recientemente una nueva e interesante interpretación: son los signos que delatan el arte chamanístico, dice, procedentes de una mente en estado de alucinación. En el primer estado, el sujeto ve formas geométricas tales como retículas, zigzags, puntos, espirales y curvas. Estas imágenes, seis formas en total, son brillantes, incandescentes, vívidas y poderosas. En un estado más profundo, se "está con frecuencia acompañado por la sensación de atravesar un vértice o un túnel en rotación". Quizás el descubrimiento del significado de las figuras geométricas, que ahora conocemos como imágenes entópticas, en las cavernas del hombre primitivo, sea uno de los hallazgos más importantes de este siglo. La evolución de los humanos pudo derivar de la capacidad de utilizar herramientas para la producción de sonidos y acceder así a estados de ampliación de conciencia, como la conciencia cuántica. La capacidad de escuchar concentradamente permitió desarrollar esta otra fase de su conciencia que incidió en su comportamiento social y cultural.

Un último análisis comparativo del significado de estas imágenes plasmadas en las cavernas, es que creo podrían representar la totalidad del proceso en el que se encuentra el individuo al crear las condiciones adecuadas para que se produzca el fenómeno alucinatorio. Primero, una lectura de las imágenes nos revelaría que los puntos cambiantes de menor cantidad a mayor cantidad, son una representación de la inversión de población a un nivel energético superior; segundo, los puntos y líneas ordenados en paralelo, representan una sustancia en condiciones iniciales de los átomos en un nivel energético equilibrado; tercero, las líneas uves y en zigzags, representarían las ondas de energía transformadas de incoherentes a coherentes; cuarto, los círculos concéntricos, serían el resultado de la emisión energética (cuántica) hacia el centro del sistema; quinto, la cuadrícula representa la reproducción de interferencia de ondas (hologramas) que contienen la información; sexto, los rectángulos representan el sistema cuántico de radiación energética y se compone de los siguientes elementos que están compuestos en tres sectores, divididos por una pared oscura y una blanca (espejos paralelos resonadores), por fuera del segmento interno existen líneas continuas (estimulador externo) y una sola línea (emisión cuántica) continua que atraviesa la pared blanca (espejo transparente); por último, redes de líneas sobre animales (antílope de eland) cuyos cráneos con orificio (para soplar) permiten la emisión de sonidos. Las líneas serían una representación de la imagen contenida en las cuadrículas (hologramas) que emergen al tocar ese instrumento de viento y que permiten al individuo en trance, "leer o ver" las interferencias sonoras encerradas en las cuadrículas.

Un punto que hay que considerar es que estas imágenes pueden aparecer de dos formas, mediante un trance voluntario o de forma espontánea, como la descripción que nos hace **Hank Wesselman**, "lo más importante era que había descubierto la presencia de una especie de puerta interior dentro de mí, una puerta que se abría periódicamente, permitiéndome vislumbrar niveles de realidad y experiencias que no hubiera creído posibles. Por lo general, al abrirse esa puerta tenía alucinaciones visuales: veía puntos luminosos, líneas laberínticas, zigzags, vértices y cuadrículas, que algunos investigadores de lo cognoscitivo han llamado "fosfenos". Casi siempre se oía un sonido formidable, continuado y sordo, acompañado de abrumadoras sensaciones físicas de fuerza o poder, que me dejaban paralizado durante toda la experiencia, y su intensidad hubiera sido aterradora de no ser por su exquisita naturaleza.

Tercero, en *Biología* el rol neurológico que asumen los microtúbulos en la percepción cuántica al momento en que se repliega la conciencia sensorial durante el proceso de experiencias cercanas a la muerte. En estas experiencias la persona que deja de recibir estímulos sensoriales, por la crisis que está viviendo, experimenta una serie de sensaciones internas como las que describe un paciente de **Raymond Moody** en sus investigaciones de sus "cámaras de espejos". "Primero vi visiones en el espejo; bueno al principio eran formas de colores y pequeñas manchas o chispas que relucían. Vi una gran neblina que se levantaba y llenaba todo el espejo, como una gran niebla que entrase por la ventana; y después de la neblina hubo una luz brillante. Vi una luz muy a lo lejos, y escenas, pequeñas escenas breves; pero lo que atrajo mi atención fue un camino, y supe que tenía que seguir ese camino o moverme en ese sentido". De igual forma, **Jean Houston y Robert Master** presentan la siguiente descripción que hace un sujeto de investigación con drogas. "Experimenté un trepidante relámpago de éxtasis y mi cuerpo se disolvió en el flujo de materia o energía del que está hecho el universo. Fui arrebatado hacia el centro de la existencia de donde surgen todas las cosas y en el que convergen todas las cosas. Aquí no hay distinción entre sujeto y objeto, entre espacio y tiempo ni cualquier otra cosa. Aquí todo es, simplemente, y no hay comienzo ni final, solamente transformación... Existe influjo desde el centro y un flujo hacia el centro, pero ninguna forma. El color es neutro, tanto caliente como frío, y hay una suave luz que emana desde abajo, dando un brillo vacilante. No recuerdo si había algún sonido, pero había una integración total, así que no habría distinción entre sonido y silencio... No había ningún elemento dominante o fuerza directriz. Todo fluía por sí mismo utilizando su propia energía... Por su forma, la realidad absoluta parecía tener en ocasiones cuatro esquinas... Recuerdo haber descrito el centro como una esfera compuesta por un número infinito de pequeñas esferas que giraban en espiral hacia el centro, que a su vez es infinito, y que cada una de las pequeñas esferas estaba compuesta de esferas aún más pequeñas, que también giraban hacia un centro infinito, y así hasta el infinito. Ignoro cómo me vino este concepto ya que no tengo un recuerdo claro de dicha imagen. Tal vez, en el último punto uno se encuentra en el centro y ya no puede observar". Estas imágenes son similares a las descripciones simbólicas de un aprendiz de chamán, en una ceremonia en 1985 relatada por *Gary Doore*. "Entonces, de pronto, sentí que, atraído por la gravedad, comenzaba a caer en una fosa, en una especie de torbellino, succionado por una energía increíble. Parecía flotar en un río de luz líquida, que penetraba en una enorme caverna en el centro de un monte de tierra rojiza, en algún desierto meridional. Entonces llegué a una catarata, por la que descendí de cabeza a lo largo de un túnel negro, en cuyas paredes brillaban cristales púrpura y de colores térreos".

Cuarto, en *Psicología* el resultado de aplicación de estímulos rítmicos en la producción de estados alterados de conciencia y la identificación de estados de conciencia específicos, en donde cada uno de ellos, es un mundo distinto con su propio lenguaje que incide en la percepción, pensamiento y comportamiento del individuo, lo que contribuye a definir distintas realidades.

La imaginación del hombre lo ha llevado a pensar que, en algún futuro lejano, pudiera construir una máquina del tiempo que viajara más allá que la velocidad de la luz. Según la teoría de la relatividad, la velocidad de la luz es energía (y/o partículas elementales) en movimiento. Mirado desde esta perspectiva, pareciera que esta máquina solo es una fantasía que jamás se logre alcanzar. Ningún cuerpo puede alcanzar la velocidad de la luz pues se transforma en energía de acuerdo a Einstein ($E = mc^2$). Sin embargo, ya existe un camino. La hipótesis de este libro, es que ya existe una máquina del tiempo y que hasta el momento la hemos ignorado. Se trata de que nosotros, nuestro cuerpo es la máquina del tiempo y nuestra conciencia cuántica (fotón) es el viajero del tiempo. Ahora llegamos a la comprensión de que la única forma de viajar más allá de la velocidad de la luz es a través de la energía de conciencia. Hoy tenemos los medios y la tecnología de la mente que permite, en meditación con música, trascender la identidad hacia aves, peces, animales, vegetales, minerales y humanidad en general; trascender el espacio, trasladándonos hacia otros lugares, y trascender el tiempo, viajando a otras épocas. Además podemos acceder al conocimiento directo de la relación de los objetos con las personas (psicometría) y obtener información clarividente y telepática. Quizás la experiencia más cercana a un viaje por el tiempo y espacio sea la del viaje en estados alterados de conciencia. La conciencia se expande y trasciende el espacio-tiempo además de la identidad. Esta experiencia ya se puede llevar a cabo en talleres de meditación. Uno de los participantes que por primera vez efectuaba este proceso, en un instante vivió la siguiente experiencia: "Salí expulsado por una enorme energía luminosa. Fui proyectado hacia el cosmos, crucé tres soles y visualicé un color azul profundo". Para él fue una experiencia real. Creo que la experiencia de acceder a los hoyos negros es una experiencia que se tiene en el campo cuántico de energía a pequeña escala y, por lo tanto, la energía de la conciencia (fotón) tiene la capacidad de viajar por este túnel del tiempo, no así el cuerpo físico aunque todas las sensaciones las experimentemos en nuestro cuerpo a gran escala. Se trata de una experiencia trascendente de la realidad no ordinaria.

El desdoblamiento o "trascendencia del cuerpo" es una sensación producida a veces en forma espontánea. Pero es posible experimentar el proceso de trascendencia de identidad, del espacio y del tiempo mediante técnicas de alteración de la conciencia como son la hipnosis, la meditación y relajación. Durante los talleres de meditación y relajación que he efectuado en años anteriores, se han producido a veces estos efectos sin haberlos buscado. Para algunas técnicas, como visualización libre la persona puede experimentar la sensación de una metamorfosis de identidades (aves, animales, peces, vegetales, minerales y energía); en otras técnicas se obtiene la experiencia de trascender el espacio y el tiempo "viajando" en conciencia cuántica a otros lugares y a otras épocas. La persona puede experimentarlo como observador o como observador-participante. En este último caso ella "siente ser" la identidad asumida. Se obtiene conocimiento directo de estas experiencias (lugares, costumbres, comportamiento).

El proceso de llegar a SER UNO, creo significa ser "Uno sin un segundo", es decir, el observador y el observado son solamente Uno. Se es observador-participante. El sujeto y el objeto se confunden. Creo que en la meditación se puede obtener esta experiencia.

Creo que la meditación podríamos definirla como "estar en medio de la acción". Es decir, ser observante y participante a la vez. El observador se transforma en el objeto observado. Se extingue la distinción entre objeto y sujeto. Uno se transforma en el objeto observado. Así, por último, podemos decir que meditación es el "proceso de transformación del sujeto en objeto". Este fenómeno puede verse claramente en los estados meditativos de transformación de identidad y viajes a otros tiempos (como una regresión), como los ejemplos presentados más arriba.

Cuando se empieza a experimentar en estos campos de la conciencia transpersonal, pienso que uno accede a un campo en el cual no está limitado por las variables tiempo-espacio-identidad, similar al planteamiento teórico de los campos morfogenéticos de **Rupert Sheldrake**.

Sería como un "recuerdo" de experiencias de la humanidad (pasado, presente o futuro). De ahí que pienso que uno se identifica con la experiencia de cualquier otro individuo o especie en cualquier tiempo o espacio, como lo han experimentado algunas personas en talleres de meditación que he dirigido personalmente. En estados alterados de conciencia se puede viajar a los confines del universo en un instante. Incluso viajar a través del tiempo. Esto es demostrable con técnicas de meditación u otra forma de producir estados no ordinarios de conciencia (hipnosis, relajación, etc.).

Utilizar la mente mediante la conciencia cuántica, permite ampliar nuestra capacidad de percibir la realidad. De ahí que, en estados especiales de conciencia ampliada, se percibe "que lo sabemos todo" y que estamos unidos a la totalidad del cosmos. Así, por ejemplo, podemos identificarnos con el reino animal, vegetal, la Tierra o el cosmos en su conjunto. También podemos viajar en el tiempo hacia nuestros orígenes o incluso hasta la formación de la Tierra en experiencias del ciclo evolutivo. Como la visión mística de *W. Blake*:

"Ver el Mundo en un grano de arena,

y el Cielo en una flor silvestre,

retener el Infinito en la palma de la mano,

y la Eternidad en una hora".

Esta visión de la realidad del mundo de la energía cuántica, pareciera ser la que percibe Uri Geller en su mensaje siguiente.

"Sí, pero conozco la verdad

reside en las profundidades internas de uno

la verdad de la sabiduría mística para lo cual todo

esplendor no es más que enmascaramiento

la sabiduría para gobernar, alcanzar y cumplir

lo inverosímil

la insoportable obligación que cae sobre uno

sin previo aviso o advertencia

la sabiduría que le concederá a uno poder, valor

y grandeza

para contemplar y desarrollar el acto más impresio-

nante, tremendo, atroz, positivo y estruendoso

que modificará todos los conocimientos existentes en

la Tierra e incluso algunos más".

V.   Mundos reales

Habitualmente la sabiduría popular emplea términos que sugieren la existencia de diversos mundos: en qué mundo andas; son cosas de otro mundo; regresa a este mundo, etc. En condiciones "normales", el individuo establece la existencia de dos mundos: mundo real e irreal (o imaginario). Sin embargo, un análisis profundo de este ámbito de la realidad sugiere, en estricto rigor, la existencia de más de un mundo de la realidad. Para los fines del estudio de la conciencia, diremos que puede probarse empíricamente la existencia de al menos seis mundos: el mundo de la realidad sensorial, el mundo de la realidad personal, el mundo de la realidad prepersonal, el mundo de la realidad cuántica, el mundo de la realidad transpersonal y el mundo de la realidad arquetípica. La mayor parte de las personas se mueve ordinariamente en los mundos de la realidad sensorial y personal. Bajo ciertas condiciones y circunstancias la persona puede acceder a los otros mundos. Cada mundo, como cada realidad, sólo pueden comprenderse en su propio reino. Así, como el mundo sensorial no percibe los demás mundos, la realidad que presenta, por ejemplo, cada sentido, tampoco tiene acceso a la realidad de otro sentido.

Es bien sabido que una de las características principales de los mundos es que se viven en forma autónoma, no mezclándose entre ellos. Sin embargo, dentro de un mismo mundo se pueden superponer realidades distintas, como por ejemplo, en el acto de comer una manzana, se complementan la percepción visual de la fruta, sentir al tacto su dureza y forma, saborearla al masticarla, oler el aroma que desprende y oír como cruje al romperle un trozo. Sólo en raras ocasiones se mezclan mundos distintos.

Mundo de la Realidad Sensorial

El mundo de la realidad sensorial al que todos estamos acostumbrados, está delimitado por el buen funcionamiento de nuestros cinco órganos sensoriales. Siempre se le ha dado jerarquía a los sentidos, otorgándoles mayor importancia a un sentido que a otro. Ahora bien, quien no tuviera ojos, cómo podría saber la sensación que produce una hermosa puesta de sol; quien no tuviera oídos, cómo podría saber la sensación que produce escuchar el concierto de música de la sinfonía de Beethoven; quien no tuviera olfato, cómo podría saber la sensación que produce la gama de perfumes de las rosas en primavera; quien no tuviera sensación táctil, como podría saber la sensación que produce estrechar el cuerpo de una mujer amada; quien no tuviera sensación gustativa, como podría saber la sensación que produce saborear las comidas. Todos los sentidos son muy importantes y se complementan sinérgicamente. El supuesto básico que sostiene este mundo, es que cada elemento de él es objetivo e independiente. Cada cosa existe por sí misma.

Mundo de la Realidad Personal

Nuestra historia biográfica personal es otro mundo. La realidad personal no es del presente, sino que la memoria e imaginación juegan un rol importante en este mundo. El supuesto básico que sostiene este mundo, es que cada elemento de él es subjetivo e independiente. Cada persona tiene su propia realidad. El mundo de la realidad personal sugiere que existe una identificación espacial en el tiempo. Así podemos clasificar la realidad personal, según sea la distancia en el tiempo de nuestro recuerdo en al menos cuatro realidades: realidad personal inmediata, cercana, lejana y remota. La realidad inmediata, puede considerarse a los recuerdos de horas y días; la realidad cercana, a recuerdos de semanas y meses; la realidad lejana, a recuerdo de años anteriores; la realidad remota, a recuerdos de nuestra juventud e infancia. En estados profundos de relajación se puede facilitar remontarse al pasado.

Mundo de la Realidad Prepersonal

Si podemos recordar nuestro nacimiento y etapas contiguas (perinatales) del proceso de formación de la criatura por nacer, accederemos a la realidad prepersonal (anterior a lo personal). Las matrices perinatales básicas de Grof corresponden al mapa de este mundo al que se puede experimentar en estados profundos de relajación y meditación. El supuesto básico que sostiene este mundo, es que cada elemento de él es subjetivo y dependiente. Cada persona tiene su propia realidad derivada de su experiencia natal. No haremos más análisis de este punto, dado que existe abundante bibliografía que toca los diversos aspectos de este mundo.

Mundo de la Realidad Cuántica

Parece ser, que para acceder a las realidades transpersonales y arquetípicas, debiéramos atravesar primero un campo de experiencias del nivel cuántico, nivel que nos recuerdan los símbolos grabados en las cavernas primitivas que significarían el proceso que experimentaba el hechicero en el inicio del trance, en la oscuridad de la caverna. De las imágenes grabadas, se ha ofrecido, recientemente, una nueva e interesante interpretación: son los signos que delatan el arte chamanístico, procedentes de una mente en estado de alucinación. En el primer estado, el sujeto ve formas geométricas, tales como retículas, zigzags, puntos, espirales y curvas. Estas imágenes, seis formas en total, son brillantes, incandescentes, vívidas y poderosas. En un estado más profundo, se "está con frecuencia acompañado por la sensación de atravesar un vórtice o un túnel en rotación."

Mundo de la Realidad Transpersonal

La realidad transpersonal, en raras ocasiones se manifiesta en forma espontánea. Lo más adecuado, para acceder conscientemente a este mundo, es involucrarse en un proceso continuo y permanente de meditación profunda en las diversas técnicas existentes tanto en las culturas antiguas como los métodos modernos de alteración de la conciencia. El budismo, chamanismo y yoga pueden, por ejemplo, ser caminos seguros para introducirse a estas realidades. Las técnicas holotrópicas de Grof o el método Cread 90, son estadísticamente alternativas concretas para profundizar este ámbito de la realidad.

Mundo de la Realidad Arquetípica

La experiencia en el mundo de las diversas realidades ha demostrado que el mundo de la realidad arquetípica La está estrechamente ligado con todas las realidades. Cuando se presenta una realidad personal, perinatal y transpersonal específica, casi siempre está asociada a algún fenómeno simbólico-arquetípico (cosmos, agua, aire, tierra, fuego, conservación de la vida o especie). Podemos decir que este mundo de la realidad arquetípica es el enlace entre las realidades personal, prepersonal y transpersonal. Puede accederse a este mundo mediante técnicas de meditación. Entre todas ellas, se destaca la técnica del despertar kundalini, proceso mediante el cual se libera la energía dormida en la base de la columna vertebral y comienza la apertura de los centros energéticos (chacras).

Una vez comprendida la existencia de otros mundos y realidades, es necesario involucrarse en un proceso de descubrimiento personal de estas realidades. Para ello, es imprescindible, primero, conocer los mapas que contemplan la estructura de la conciencia que nos señalan los mundos "reales" que visitaremos en nuestra búsqueda interior. Posteriormente, iniciaremos el camino adoptando una actitud y forma de vida (intencionalidad) que facilita el encuentro de estas realidades. Finalizaremos nuestra búsqueda, experimentando con los instrumentos que nos introducen a la realidad cambiante del ser.

VI. Estructura arquetípica de la conciencia (EAC)

Existen ciertos indicios que se presentan en el comportamiento humano, tanto en estado de vigilia y sueños, en crisis y enfermedades, como en estados alterados de conciencia, espontáneos o producidos por técnicas de meditación, que producen algunos efectos fisiológicos y psicológicos o emocionales de forma estructurada, de tal modo que es posible agruparlos en siete estructuras de comportamiento diferenciadas o formas de estructuras arquetípicas de conciencia.

La estructura arquetípica de conciencia —en un estado alterado de conciencia- comprende experiencias visionarias que van desde sensaciones de desamparo al ser absorbido por torbellinos de viento, huracanes, frío, atacado por animales y ser despedazado por ellos, encerrados y atormentados, pasando a otras formas de sentir calor y energía que recorre nuestro cuerpo, sensualidad, guerras, erupciones volcánicas, siguiendo con imágenes de aguas contaminadas, malos olores, putrefacción, terminando a veces al completarse el proceso en visiones de ambientes acuáticos y bellezas artísticas y naturales y terminando en secuencias del cosmos y de unidad con el universo.

Así, podemos agrupar siete tipos de estructuras arquetípicas de conciencia. El primer lugar lo ocupa la estructura arquetípica de las formas de preservación de la vida EAFPV (individuo). El segundo lugar lo ocupa la estructura arquetípica de las formas de conservación de la especie (EAFCE) (especie). En tercer lugar, tenemos la estructura arquetípica de las formas volcánicas EAFV (fuego). En cuarto lugar la estructura arquetípica de las formas terrestres EAFT (tierra). El quinto lugar lo ocupa la estructura arquetípica de las formas eólicas EAFE (aire). El sexto lugar lo ocupa la estructura arquetípica de las formas acuáticas EAFA (agua). Por último, tenemos la estructura arquetípica de las formas cósmicas EAFC (cosmos).

Como puede observarse, las estructuras arquetípicas de conciencia tienen, en parte, las características que comprenden los cuatro elementos de transformación de la alquimia medieval: aire, fuego, tierra y agua más una visión del universo. Además se inicia el proceso con una toma de conciencia del instinto de preservación de la vida y de conservación de la especie. Todos estos estados pueden asimilarse a la evolución de la conciencia y de apertura de los centros energéticos del despertar kundalini. La experiencia de este proceso tiene como su principal objetivo alcanzar un nivel más alto de conciencia, el samadhi o unión con lo Divino. Al iniciar el despertar de la energía kundalini, asentada en la base de la espina dorsal y desbloquear los siete centros espirituales (chakras), permite también traer a la conciencia recuerdos de traumas psicológicos y físicos, secuencias perinatales e imágenes arquetípicas. Se manifiestan sensaciones de energía y calor que recorren la columna en forma ascendente y movimientos espasmódicos y torsiones del cuerpo y profundas emociones de variada índole y que pueden llegar al éxtasis. Cualquiera sea las manifestaciones del despertar kundalini, el proceso en esencia es curativo.

El proceso comienza tomando conciencia de nuestra naturaleza ancestral, de los orígenes de nuestros antepasados primitivos, cuya vida transcurría en un permanente estado de supervivencia diaria enfrentando a los rigores de la época de las cavernas. Se continúa con el proceso de experimentar el instinto de conservación de la especie, a través de sentir por los demás en una identificación plena con la conciencia grupal de la especie humana. Ambos estados son determinantes de las características de la conciencia del cerebro de reptil. El proceso evolutivo de la conciencia posteriormente se tradujo en un salto hacia la conciencia de emociones, que se asocia al cerebro de mamífero. Esto se consigue en la experimentación de los estados emotivos que contemplan la conciencia arquetípica del fuego, tierra, aire y agua. La nueva conciencia permite alcanzar el último estado de la visión interior cósmica.

Nuestra naturaleza orgánica comprende todos estos elementos. Para sobrevivir, debemos luchar con las inclemencias de nuestro entorno y también debemos asegurar la conservación de la especie mediante la permanencia del instinto gregario (grupal). Además respiramos aire, nuestro cuerpo debe tener un calor o temperatura adecuada para subsistir, y tanto al alimentarnos de productos de la tierra y el agua, se mantienen las condiciones estables que regulan nuestros órganos de la vida en el *cosmos* o universo. Quizás desde el punto de vista de nuestra conciencia personal estas son las necesidades de nuestros siete elementos energéticos. Pero desde un punto de vista transpersonal, estos elementos pueden tener un significado oculto, arquetípico, que tiene influencia en nuestro comportamiento inconsciente y se refleja y deriva a la conciencia personal.

Considerando las referencias obtenidas de diversas fuentes (cultura chamánica, despertar kundalini, experiencias cumbre y cercanas a la muerte, sueños y meditación y, de la propia vigilia) , podemos señalar que las experiencias involucradas en estos estados "normales" y alterados de conciencia, guardan estrecha relación con las estructuras arquetípicas de la conciencia. Así, podríamos reestructurar la conciencia como formada por siete capas, estructuras, centros energéticos o niveles de conciencia diferenciados: estructuras arquetípicas de las formas energéticas EAFPV, EAFCE, EAFV, EAFT, EAFE, EAFA y EAFC.

Hay que destacar que las estructuras arquetípicas conforman dos hemisferios representativos del funcionamiento de la conciencia. Así, por ejemplo, podemos dividir un ámbito izquierdo o negativo que comprende las estructuras EAFE, EAFV y EAFT, y de un ámbito derecho o positivo que contempla las estructuras EAFA y EAFC. Esta estructura de la conciencia se refleja en la conciencia personal y prepersonal, como ya lo planteara Carl G. Jung. Entonces, podemos decir, que todos los niveles de la conciencia arquetípica (y transpersonal), de alguna forma, están relacionados de manera sincrónica con los niveles de la conciencia personal y prepersonal. Lo que ocurra en un nivel afecta a los otros niveles. Así, por ejemplo, si en cierto momento meditando nos encontramos en un estado creativo del nivel EAFA, se producen efectos de sincronicidad con los niveles personal, en donde se refleja nuestra creatividad. Así también, si al inducirnos un estado alterado de conciencia mediante un sueño estuviésemos en un estado negativo de EAFT, seguramente en nuestra conciencia personal de vigilia ocurrirán sucesos negativos de sincronicidad que produzcan situaciones similares a las de la experiencia meditativa de EAFT. Los alcances de esta situación tiene profundas implicancias para la educación, salud, comprensión y control del comportamiento social en el futuro.

A medida que vayamos descubriendo los diversos niveles de la conciencia, veremos que ciertas estructuras tienen características negativas y otras positivas que se reflejan en nuestra conciencia prepersonal y personal de nuestra existencia. Si bien en condiciones habituales, sin un control consciente, estamos recibiendo el impacto de ambas estructuras (positivas y negativas), el hecho de identificarlas nos permite orientar y completar conscientemente el proceso de transformación de la conciencia mediante algunas técnicas de estructuración y reestructuración arquetípica de la conciencia: estructuración arquetípica del comportamiento en el nivel personal, estructuración arquetípica de los sueños, reestructuración arquetípica de la vigilia, reestructuración arquetípica de los sueños (sueño vigil y sueños lúcidos), reestructuración arquetípica de la meditación.

Una de las características de las estructuras arquetípicas es que para cada grupo de estructura se conservan sus características con independencia de la forma o el medio que active la aparición de estas estructuras.

Las manifestaciones de imágenes, emociones, sensaciones físicas y características básicas que producen las diversas estructuras arquetípicas son las siguientes:

Espacio Arquetípico de las Formas de Preservación de la Vida (Individuo):

Sentirse con frío y desamparado.

Sentirse perseguido y atrapado.

Enjaulado y visión de cuevas o grutas subterráneas.

Sentirse desesperado y atormentado.

Tragado, estrangulado.

Amenazas a la vida del sujeto.

Espacio Arquetípico de las Formas de Conservación de la Especie (Especie):

Compartir la alegría, el temor, la pena y privaciones de un grupo.

Sentir como propias las emociones de un grupo.

Identificación con la conciencia de otros.

Despertar el sentido ecológico y de humanidad.

Espacio Arquetípico de las Formas Volcánicas (Fuego):

Sensaciones de calor y energía.

Temblores del cuerpo

Erupciones volcánicas y catástrofes

Guerras y armas peligrosas.

Visiones de violencia agresión y sacrificios.

Espacio Arquetípico de las Formas Terrestres (Tierra):

Sensación de liberación, de redención, de salvación y de perdón.

Sensación de purificación.

Liberación de la culpa, agresividad, angustia.

Amor a los semejantes

Unión y aprecio a las personas y a la naturaleza.

Espacio Arquetípico de las Formas Eólicas (Aire):

Sentirse aspirado por un remolino, torbellino de aire

Huracán y aguas agitadas.

Sentimientos de ahogo y sofocación.

Espacio Arquetípico de las Formas Acuáticas (Agua):

Ambiente y formas de vida acuáticas

Bellezas naturales y conciencia ecológica.

Figuras simbólicas geométricas.

Paz, tranquilidad, serenidad y satisfacción.

Éxtasis oceánico.

Espacio Arquetípico de las Formas Cósmicas (Cosmos) (Formas Complejas):

Trascendencia de la dicotomía sujeto-objeto.

Trascendencia del espacio y tiempo.

Presencias de personajes espirituales.

Visión de unidad con la humanidad, el cosmos y el universo.

VII. Yin Yang y tecnología de la conciencia

Sabemos que cuando nos referimos a la relación yin yang, estamos hablando de lo femenino y masculino; día y noche; fuerte y débil; calor y frío; silencio y ruido; etc. El proceso de meditación y relajación del programa educación sin fronteras comprende ambas visiones para cada parte del sistema. Así, en la relajación, como en las diversas formas de meditar, se presentan técnicas que comprenden ambos puntos de vista.

Podemos asimilar que la función cerebral puede ser la mejor forma de describir el proceso integrativo de la visión arquetípica del yin yang, pues cada hemisferio cerebral tiene la particularidad de tener un funcionamiento complementario al del otro hemisferio. Así, el HI se especializa en el lenguaje, lectura, escritura, análisis, matemáticas y en el razonamiento lógico. El HD se especializa en las imágenes, formas, símbolos, ritmo, música, espacio y en la percepción holística.

La Biología ha permitido conocer el funcionamiento de los hemisferios cerebrales. Se ha descubierto a través de operaciones quirúrgicas que al separarlos, cada hemisferio tiene su propio lenguaje y que normalmente actúan cooperativamente ambos. También se ha investigado que el hemisferio izquierdo funciona con ondas cerebrales beta de baja longitud y alta frecuencia y, el hemisferio derecho con ondas alfa y theta de mayor amplitud y menor frecuencia. Dado que la creatividad, imaginación, percepción de modelos, salud y otros aspectos positivos del funcionamiento cerebral, están asociados al hemisferio derecho, entonces comprender el lenguaje cerebral es un medio para acceder a la amplitud de su territorio. Mediante las psicotécnicas como la meditación, ensoñación dirigida, relajación, focalización de la atención, imaginación, paradojas, prescripciones de comportamiento, rituales, diálogos interactivos, es factible acceder al lenguaje metafórico del hemisferio derecho. Existen tres formas de "viajar a la derecha" cerebral: primero, hablar el lenguaje adecuado a ese ambiente; segundo, bloquear el lenguaje del otro ambiente (HI) y tercero, obedecer o seguir una orden o prescripción. Esto es lo que se intenta conseguir con los procedimientos de las meditaciones y relajaciones. Primero se fija una intención (meta), seguido de una visualización y terminando con un bloqueo y sobrecarga del hemisferio izquierdo (música rítmica).

Durante el proceso de evolución de la conciencia, iremos descubriendo en qué forma de la expresión china yin yang, armonizamos nuestro accionar en la vida cotidiana.

El proceso que debe seguir el individuo, es descubrir el tipo de técnica que mejor se aviene a su forma de percibir y actuar en el mundo de la realidad, en su forma Yin Yang. Es así, que ejercitándose en las diversas formas de relajación y/o meditación, cada individuo descubre cuál es su técnica propia para el descubrimiento de sí mismo.

Cualquiera de estas técnicas puede ser, entonces, una puerta de entrada y acceso al campo prepersonal, arquetípico o transpersonal. Sin embargo, cada uno de nosotros llega a descubrir y terminar su búsqueda en sólo alguna de ellas. Cuando lo descubra, lo sabrá. Es como un recuerdo que ignorábamos, y llega de repente a nuestra memoria. Por ahora, deberá ensayar con todas las técnicas, pues muchas veces la que creemos que pueda ser adecuada a nosotros, en verdad no lo sea. Por ello, hagamos nuestros esfuerzos e intentos de búsqueda con la multiplicidad de las técnicas, orientadas en su forma yin yang.

VIII. Funcionalidad dual de la conciencia

Una de las características de la conciencia es su funcionalidad dual, dependiendo del espacio en que se encuentre. Al igual que los diferentes estados de la materia tienen propiedades particulares, la conciencia en cada uno de los dos espacios, sensorial (ordinario) y cuántico (complejo) tiene sus propias propiedades. Quizás esta característica de la conciencia, sea uno de los principales elementos que tenga incidencia en el proceso de desarrollo y evolución de la conciencia.

En conciencia sensorial (ordinaria), presenta las propiedades de adosarse a un envase (cuerpo) con características propias de la materia, de inmovilidad, de identidad o pertenencia, de ubicuidad, de temporalidad. En cambio, la conciencia cuántica de estados alterados (no ordinarios), adopta propiedades de deslizamiento de su sensación de envase (cuerpo) con características aproximadas a la energía, de movilidad, de trascendencia de la identidad, del espacio y del tiempo. Una característica importante de la conciencia en ambos espacios sensorial y cuántico (ordinario y complejo) es que la fijación de la atención, permite discriminar la propiedad específica en que nos encontremos. Así por ejemplo, si nos encontramos en conciencia sensorial (ordinaria), podemos prestar el foco de atención en un momento a sentir la conciencia en nuestro cuerpo, o a nuestra ubicación espacial y temporal, tomando esta experiencia como real en este campo. En espacios cuánticos (complejos), podemos prestar atención al cambio de identidad o trascendencia del espacio y del tiempo y también considerarla real en este otro campo transpersonal. En ambos casos es una experiencia virtual de observador-participante.

Obtener el equilibrio de los dos espacios de la conciencia (sensorial y cuántico), permite un desarrollo y evolución de la conciencia saludable, que puede tener enormes repercusiones en el funcionamiento de la humanidad. Mantenerse en un solo espacio "es incompatible con un comportamiento adecuado y con la supervivencia en el mundo cotidiano". La integración de ambas formas de percibir la realidad, contribuye a una "salud mental genuina". De ahí que, desplazar la orientación, de un espacio al otro, contribuye a un desarrollo sano y eficiente del funcionamiento de la conciencia. Sin embargo, este no es el paradigma que prevalece en nuestra cultura hasta ahora. La cultura occidental, ha tenido por eje en su paradigma de funcionamiento de la conciencia de un solo espacio (sensorial), con claro predominio en este contexto, de la materia sobre la energía. La educación, salud, trabajo y comunicación, están orientadas con el paradigma de la conciencia como materia. Sin embargo, hay indicios y esperanzas que esto vaya cambiando en las próximas décadas. Con el avance de la ciencia y el reconocimiento de las nuevas formas de vida y aplicaciones de la tecnología de la conciencia dual, estamos cada vez más cerca del cambio de paradigma de la conciencia como materia (sensorial) a la conciencia como energía (cuántica).

Una de las características del chamán, o en este caso, del guía de taller de meditación, que no hay que descartar o dejar de lado, y que puede tener importancia en el éxito de la experiencia, es que tanto como la creencia que se debe tener en el proceso y de expresar un sentimiento de absoluta seguridad en él, lo que es captado consciente o inconscientemente por los participantes y favoreciendo con ello la inmersión plena en los estados alterados de conciencia, existe además un fenómeno, frecuentemente observado de comunicación transpersonal (telepático) desde el guía hacia el participante, que se presenta durante el desarrollo de la meditación y que favorece la respuesta visionaria del meditante. De ahí que, es fundamental que el guía aprenda a desplazarse y permanecer en la funcionalidad dual de la conciencia, aún en un estado que aparentemente se perciba para el resto como solo en conciencia sensorial (ordinaria). No basta con aplicar una técnica o un procedimiento sin considerar estos factores que pueden llegar a ser fundamentales para el proceso de la meditación. En muchas ocasiones, el meditante recibe información del guía de forma transpersonal, fuera del procedimiento mismo de la inducción del trance, por lo que no debe dejarse de lado esta variable. Muchos fracasos en la inducción de estos estados pueden estar explicados por este factor. No hay que olvidar que en última instancia, sobre todo en estos estados cuánticos, estamos unidos en una unidad de conciencia. Este fenómeno puede estar emparentado, con lo que se conoce como shaktipat, sensación experimentada como una especie de atracción emocional o psíquica, donde basta una mirada, una palabra, un gesto o el toque personal del guía para producir en el participante una profunda manifestación de energía y caída en trance sin mediar para ello de otros factores.

Uno de los aspectos que contempla la visión de la dualidad de la conciencia, se refiere a la forma de percibir del cerebro. Se puede primero percibir con los cinco sentidos en conciencia sensorial (ordinaria) y segundo, se puede percibir con la estructura cerebral cuántica (u holonómica). Se sabe que el cerebro puede actuar de dos formas para recordar: tener localizado la función de la memoria en un lugar del cerebro o también, tener disperso en todo el cerebro la función de la memoria (como un holograma). De ahí que podemos decir, que somos individuos (con sus sentidos) y también somos seres holoides (con estructura cerebral holonómica). Esto significa que toda la información (recuerdos) del universo se encuentra en nuestro cerebro y que en condiciones especiales (estados alterados) podemos acceder a esta información. Así, toda la información del pasado, presente y futuro está contenida en nuestra estructura cerebral y de hecho nunca estamos desconectados de los demás. Entonces, todos los recursos ya los tenemos y solo debemos buscar una forma para extraerlos de nuestro interior. Esto es lo que persigue la funcionalidad integral de la conciencia a través de la meditación cuántica.

Es sumamente importante, que desde ya se inicie el proceso de cambio, de adaptarse a la funcionalidad integral de la conciencia, en todos los ámbitos de la cultura y educación, en su más amplio sentido. Si esto es así, traerá profundos cambios en la forma de percibir y actuar en el mundo del mañana.

Llevar a cabo este salto, no requiere de grandes cambios tecnológicos en el sentido de incorporar maquinaria y equipos. Sólo se requiere de un cambio en el modo de pensar y de hacer las cosas. Es más bien un cambio en la percepción y enfoque de la atención en el otro espacio de la conciencia, cuántico, que históricamente hemos dejado en el olvido. Es volver a recordar lo que somos y llegaremos a ser.

IX. Un modelo constructivista: estructura del proceso autonómico

El modelo constructivista Cread 90 desarrollado en este libro, permite al sujeto experimentar plena y directamente el pensamiento constructivista, pues la realidad investigada o buscada por él y descubierta o desplegada en el proceso, se manifiesta como una construcción inconsciente auto-organizada por el sujeto de acuerdo a su propia experiencia e intencionalidad. Es un modelo utilizado en el proceso de ampliación de conciencia y acceso a estados alterados de conciencia.

Este modelo, como veíamos más arriba, se asemeja a la técnica del Yoga del "Samadhi con semilla" o el método budista de la "presencia plena/conciencia abierta", pero lo que queremos plantear aquí, es que existen grandes similitudes entre Cread 90 y los alcances del modelo de la conciencia desarrollado por el neurobiólogo fallecido Francisco Varela. A continuación describiremos los alcances o supuestos del modelo de Varela y la interpretación similar del modelo Cread 90, ambos modelos que podemos considerarlos formando parte del conocimiento occidental del proceso de autonomía del ser.

Modelo Varela: Proceso perceptivo (pauta neuronal perceptiva): Presentación de la imagen o estímulo- reconocimiento-propagación de la sincronía- respuesta motora.

Modelo Cread 90: Estructura del Proceso autonómico: concepto de imagen (presentación verbal del estímulo)-visualización (reconocimiento de imagen)-fundición de imagen y sonido (sincronización)-Construcción inconsciente de imágenes virtuales (respuesta).

Modelo Varela: Estímulos visuales, auditivos, memoria, conflicto atencional visual y auditivo.

Modelo Cread 90: Emplea estímulos del mismo tipo.

Modelo Varela: Existen dos fases de la conciencia: percepción pura o impresión no conceptual y memoria o reconocimiento conceptual.

Modelo Cread 90: El proceso autonómico del modelo emplea la percepción verbal (conceptual) y no verbal.

Modelo Varela: provisionalidad de la sincronicidad con el término de la pauta neuronal perceptiva.

Modelo Cread 90: El proceso autonómico autogenerado se termina cuando se interrumpe la continuidad de la coherencia de la vivencia por algún estímulo exógeno.

Modelo Varela: Las pautas son estables o inestables de acuerdo a si los sujetos están entrenados o no entrenados.

Modelo Cread 90: El aprendizaje modular del proceso autonómico permite un reforzamiento continuo.

Modelo Varela: Los sujetos son de cuatro tipos: relajados y atentos; expectantes; fantasiosos; distraídos.

Modelo Cread 90: El proceso autonómico tiene cuatro tipos de estados: Estados concentrados, relajados, visualizado y desidentificado.

Modelo Varela: La metodología del conocimiento intersubjetivo contempla tres instancias: meditador comparte experiencia; maestro dirige al meditador; maestro entrevista al meditador.

Modelo Cread 90: El proceso de aprendizaje del modelo contiene tres fases: Dirección verbal inicial por el guía del sujeto; descripción de la experiencia del sujeto; Solicitud de alcances posteriores del proceso en el sujeto.

Modelo Varela: Naturaleza de la percepción sujeto-objeto: Percepción directa del objeto puro sin representación mental; Percepción de imagen "interna" creada por la mente y organizada en una sensación coherente (construcción de la realidad).

Modelo Cread 90: Experiencia de la percepción como creación inconsciente de una forma organizada de acuerdo a una intencionalidad inicial.

Modelo Varela: Participación y función de la memoria, expectativa, postura, movimiento, intención.

Modelo Cread 90: Emplea estímulos del mismo tipo.

El modelo de F. Varela por último sostiene que al emplearse un enfoque meditativo, se debe "Dejar de lado todos los prejuicios y pautas habituales. Ver simplemente lo que ve y fundamentarlo todo ahí".

En resumen, el modelo de la estructura de la conciencia de la realidad contempla los siguientes elementos que integran el proceso autonómico:

*Estados de conciencia: intención (1), recuerdo (2), sincronización (3), repuesta (4).

*Niveles de conciencia. (ordinario, no ordinario).

La funcionalidad de la conciencia estaría dada por:

En un instante de conciencia del nivel ordinario, están ocultos los estados (2) y (3). Estos se despliegan en un estado no ordinario:

El estado de conciencia del recuerdo (2), contempla las sub-estructuras de la conciencia biográficas, perinatales, transpersonales, arquetípicas y del inconsciente colectivo.

El estado de sincronización cuerpo-mente (3), selecciona elementos de las sub-estructuras de la conciencia, para entregar una respuesta coherente con la intencionalidad.

X.   Redescubriendo el presente

Si consideramos el ESTADO DE SUMISION a la condición estática de toma de conciencia de la situación alienada en que nos encontramos actualmente, y PRESENCIA, el cambio dinámico de evolución de la conciencia desde aquel estado hacia otro estado de trascendencia y descubrimiento de sí mismo, entonces, existen dos formas que pueden producir una transformación personal.

Primero, normalmente la gente no es consciente de su estado habitual de alienación. El sólo hecho de tomar conciencia en el presente de esto, puede significarle un cambio en sus relaciones con los demás y consigo mismo.

Segundo, si no se produce un cambio cuando descubrimos nuestra presente forma de vivir, entonces el darse cuenta de ello puede motivar el cambio mediante un proceso de evolución de la conciencia, haciéndonos cada vez más presentes, REDESCUBRIENDO EL PRESENTE en cada una de nuestras actividades y relaciones hasta que realmente lleguemos a ser y vivir en el PRESENTE.

Uno de los fenómenos que se está produciendo en la actual sociedad tecnológica y mecanicista, es que el individuo comienza a perder la capacidad de usar sus sentidos por estar sumido en un estado, cada vez, más alejado del presente. Él mira, pero no ve; escucha, pero no oye; toca, pero no siente; en una palabra, emplea sus órganos sensoriales pero no está percibiendo la realidad del presente. Pues se pierde pensando en el pasado o proyectándose en el futuro, no estando atento a lo que ocurre en el momento en frente de sí. Se encuentra en un estado alienado del presente. El presente es extraño para él, pues es dependiente de lo que ha ocurrido en el pasado o pueda ocurrir en el futuro. Pierde su libertad con esta dependencia, aunque no sea consciente de ello.

Cómo recuperar el presente perdido, es quizá uno de los problemas cruciales de nuestro tiempo. Sin embargo, para comenzar a redescubrir el presente es necesario que se comprenda que estamos en una condición que niega la verdad del presente. Ahí, se inicia el descubrimiento de que existe un camino para vivir el presente en cada instante de la vida. En el presente, desaparecen las intenciones de controlar al otro, de competencia, de agresión y, por el contrario, se comparte, coopera y acepta a los demás tal como son. La historia del hombre ha sido la historia de pérdida del presente, volviéndose cada vez más extraño para él. El futuro del hombre depende de si logra o no redescubrir el presente que ha perdido hasta hoy. Cuando lo alcance, entonces y sólo entonces podrá decirse que ha vuelto a renacer en un mundo nuevo.

Descubrir la SUMISIÓN es descubrir la situación alienada del momento y se da solo cuando se es consciente de ello.

Redescubrir el PRESENTE es un proceso que se origina cuando se descubre la alienación del presente y se orienta la vida hacia un cambio de conciencia que lleve al individuo al descubrimiento de sí mismo y de su libertad e independencia.

Descubrir la identidad del individuo en el presente es darse cuenta de quienes somos en su forma alienada. Así, normalmente el sujeto se identifica en la función que desempeña o ha desempeñado en el pasado o lo que cree desarrollará en el futuro ("soy profesor", "soy investigador").

Redescubrir la identidad del PRESENTE, es darse cuenta de quiénes somos realmente. Yo soy el que soy en el presente y nada más. Mis actitudes de ahora son el reflejo de lo que soy. Yo no soy el que fui ni el que llegaré a ser, sino que soy por lo que hago ahora. Por mis hechos del momento, soy en el presente.

Descubrir la sumisión, entonces, significa tomar conciencia ahora mismo, del cambio que hemos experimentado durante el transcurso de nuestra vida. Cómo pasamos desde la infancia, de ser actores del proceso de transformación, a un estado adulto de manipulación y sometimiento de voluntades; desde un estado de conciencia transpersonal del niño, a un estado de conciencia instrumental de la adultez; desde un estado de presencia vivencial del momento, a un estado de ausencia temporal-espacial; desde una emoción de felicidad, a uno de tristeza; desde un estado de ser uno mismo, a otro de ser alienado; desde un estado de sinceridad y verdad, a otro de mentiras y fingimientos; desde un estado de espontaneidad, a otro rutinario y mecánico; desde un estado creativo, a otro de pasividad.

Por otra parte redescubrir el PRESENTE es volver a ser niños, con la conciencia del niño. A reconocer que solo la verdad de la presencia vivencial es correcta y que toda justificación de otras verdades temporales, no son adecuadas para el diálogo interpersonal.

Nuestra cultura nos ha llevado hasta límites increíbles, de que el presente virtualmente no existe y solo debemos aceptar la tradición del pasado y las expectativas de un futuro incierto. Se niega la verdad del presente, imponiendo una verdad que no es sometida a crítica alguna.

Ahora bien, dado que no existe o no percibimos una verdad trascendente, y que nadie puede arrogarse la posesión de la verdad única, ni en el pasado y futuro de la humanidad podemos decir que tenemos la verdad y solo podemos estar seguros que una verdad se transforma y que siempre solo es verdad en el presente. Es decir, solo el presente es la verdad de nuestra percepción. La sentencia, "la verdad os hará libre", pienso que se refiere, no a que exista una verdad absoluta, sino más bien creo que el significado es que en el presente estamos en posesión de la verdad y que ésta puede transformarse en el tiempo. De ahí que, los diversos estados de conciencia determinan distintas realidades o verdades que afectan el proceso de cambio.

Entonces, una forma de tomar conciencia del proceso de cambio de conciencia, es conocer la evolución del individuo desde la infancia hasta la adultez. Otra forma, es darse cuenta de sus relaciones con los demás desde su estado de coerción habitual hacia su libertad interior; de los factores inhibitorios de sus potencialidades hacia la emergencia de su creatividad.

Tradicionalmente se piensa que los problemas a que se ve enfrentado el hombre en la actualidad es consecuencia de vivir en un sistema o cultura de enfoque autoritario, reflejado en actitudes de competencia, de poder, explotación, etc. Se supone que si se modifica esta visión hacia una cultura humanista, esto nos llevará a un tipo de relaciones humanas que incentivan la participación y cooperación de los individuos, a la "aceptación del recíproco otro en la convivencia" (H. Maturana). Sin embargo, la hipótesis que se plantea aquí es que la cultura autoritaria no es la causa última del sistema de vida imperante, sino que es una consecuencia de la imposibilidad de percibir el Presente. Si realmente percibiéramos (o viviéramos) el presente, nuestras relaciones serían las adecuadas a ese presente. Normalmente el individuo vive en el pasado o el futuro, pues no percibe el Presente. Existen ocasiones límites, en que el individuo percibe la realidad del presente como una unicidad del ser, pero normalmente actúa recordando su pasado o programando su futuro, no aceptando, disfrutando ni estando plenamente en el presente, del ahora de cada momento.

Un ejemplo típico en que se manifiesta la ausencia del presente es en una conversación normal. Casi siempre hay momentos de distracción (no estamos presentes) recordando otras situaciones, adelantándonos mentalmente a plantear un punto de vista, a tal punto que llegamos a estar "sordos" a lo que nos dicen. Esto se comprueba cuando preguntamos o afirmamos algo que ya se había comunicado. Así nos referimos de la persona, a que "estaba en la Luna".

Para comprender ahora el proceso de estar presentes, acudiremos a las actitudes que adopta el individuo enamorado, y también en el proceso de experimentar el humor.

En el comportamiento del enamorado, se trasciende toda acción voluntaria destinada a controlar y dirigir su actitud hacia el sujeto de atracción. Si bien nos vemos en la imposibilidad de dar una explicación racional de este estado, hay algunos elementos que están presentes cuando se experimenta esa emoción: uno se olvida del pasado y del futuro, estando plenamente presentes en ese instante de atención total, desatendiendo todo lo demás, como temores, deberes, hábitos, liberándonos de las dependencias y siendo más auténtico, sin esperar o buscar aprobación alguna de otros acerca de nuestra decisión; vivimos la experiencia en su integridad, olvidándonos de nosotros mismos y uniéndonos y aceptando al sujeto de nuestra observación como una unidad, sin análisis ni intentos de control y manipulación voluntaria, percibiendo al "objeto de amor" como un fin en sí mismo y no como un instrumento para un propósito egoísta.

Una de las características intrínsecas del sentido del humor, es que quien lo experimenta se encuentra totalmente presente en ese instante consigo mismo; no asume un rol distinto a su propia personalidad pues no puede aparentar esta emoción. De ahí que, cuando se pierde esta capacidad, el individuo va transformándose en algo que no es auténtico, experimentándose como una persona ajena, alienada, dependiente.

Cuando desaparece el humor en nuestra existencia cotidiana, la vida se va extinguiendo así como se consume una vela encendida. Ahora bien, ¿qué impide que estemos de humor? Responder la pregunta pasa también por el hecho de ver cómo nos afecta el humor.

Vivir el humor es ser auténticamente uno mismo. Quien vive el humor no puede estar deprimido, con ansiedad o tristeza. Mejora su capacidad para resolver productivamente los problemas. Tiene efectos positivos en su salud y se vuelve atractivo a los demás.

El humor se vive en el momento y, al igual que el juego, no tiene un propósito futuro, sino que en el mismo instante en que se experimenta, produce el efecto. El humor es una de las mejores formas de recordarnos que estamos viviendo el presente. Cuando no hay humor, dejamos de estar presentes, comenzando a vivir una vida atormentada por el pasado o por nuestras proyecciones del futuro, empezando a olvidarnos de vivir el mundo cotidiano de la realidad del presente.

El humor se pierde cuando uno deja de ser uno mismo. Se vuelve dependiente de alguien o de algo. Comienza a hacer lo que no debe hacer y no hace lo que debe hacer, produciéndose un conflicto entre lo que es y lo que quiere ser y entre lo que hace y lo que debería hacer.

Cuando a una persona se le impide que sea ella misma asumiendo una conducta extraña a ella misma, no puede vivir eternamente así, pues esa no es su vida, sino que está viviendo una vida de un ser desconocido para ella, que tarde o temprano afectará su salud física y mental. Desaparecerá el humor de su vida, por la intranquilidad que le provoca la actitud alienada y si no es capaz de salir de ese estado, su propio organismo se encargará de recordárselo mediante un auto-castigo, por no dar cabida a que emerja su verdadero sí mismo.

De ahí que la misión que tenemos todos, es dar todas las facilidades a nuestra vida para que lleguemos al encuentro consigo mismo y con los demás. Si por alguna razón se impide este proceso, entonces y solo entonces, como no se deja emerger al ser interior, deberá autodestruirse aquel ser extraño, que envuelve la potencialidad interior, para encontrar su liberación. Esta es quizás una explicación del por qué aquellas personas a quienes se les impide ser ellas mismas, comiencen un proceso autodestructivo con su organismo que puede acabar con sus vidas.

Una forma para impedir la acción negativa hacia la vida, producida cuando vemos afectado nuestro sí mismo, sería enfrentarse con el sentido del humor que nos lleva directamente hacia el presente, olvidándonos de nosotros mismos, del pasado y de los problemas futuros. Luego, vivir el humor, no es más que estar plenamente en el presente. Podemos decir, entonces, que vivir el humor es vivir en el presente.

La vida occidental contemporánea, aunque no lo parezca, transcurre en una cultura orientada a un sistema autoritario. Los problemas derivados de este enfoque en la forma de vida de los individuos y de la sociedad en general, se reflejan básicamente en la percepción de las relaciones humanas. Así, cuando estamos frente a otros, establecemos con ellos actitudes de competencia, poder o sumisión, etc. Al asumir estas actitudes estaríamos pensando (consciente o inconscientemente) en el pasado o proyectándonos al futuro para obtener una posición ventajosa (competitiva) respecto de los demás, haciéndonos o presentándonos invulnerables para poder tener poder sobre los demás. Toda nuestra educación ha sido orientada en tal sentido, a establecer fronteras con los demás. Literalmente estamos "muertos" o "no nacidos" al estar siempre en el pasado o futuro y no vivir el presente. Vivir, significa estar plenamente presente en el momento, sin interrupciones del pasado o futuro. Una de las características del estado iluminado es que, en esos instantes, uno se olvida de las quejas del pasado y preocupaciones del futuro, estando plenamente en el presente.

Las relaciones humanas que solo pueden darse en el presente son de carácter solidario, de cooperación, de sana competencia (juegos), de amor, de felicidad y en general todo tipo de actividades positivas.

Los niños viven el presente como ningún individuo. Ellos no están preocupados por su pasado (que no lo tienen) y tampoco por su futuro (que es incierto). Por lo tanto, para ellos, el pasado y el futuro no existen. Volver a ser niños, nos permite regresar al presente o descubrir realmente lo que significa vivir el presente. El niño es espontáneo, creativo y experimenta todas las emociones en el momento presente: llora, ríe, juega y disfruta del momento sin preocupación alguna. Es sincero y no se esconde bajo ningún disfraz. No tiene intenciones de competir más allá de un juego. No busca poder, sino vive el momento de la mejor forma que puede. Con el tiempo comienza a olvidar el presente por la educación que recibe y se integra a la cultura del resto de los individuos: adoración al ídolo de la cultura del tiempo pasado y del futuro. Todo su comportamiento y relaciones se establecen en este esquema de pre-percepción y post-percepción, no dejando espacio a la conciencia para percibir el presente. Entonces podríamos dividir la cultura en dos formas de percepción de la realidad y de nuestras relaciones con los demás: una cultura del presente y otra de negación del presente, que es la que rige actualmente en la sociedad occidental.

Una de las paradojas de nuestra sociedad tecnológica actual, es que a medida que pensamos en controlar conscientemente el mundo, nos hacemos menos conscientes de ser y vivir. Mediante el proceso de retornar al pasado y proyectarnos al futuro, estamos creando un mundo que se está escapando a nuestro control y creemos que el método científico es lo óptimo para el desarrollo. Sin embargo, con este sistema nos estamos volviendo cada vez menos conscientes de nosotros mismos; nos vamos transformando en instrumentos de la sociedad; el individuo pierde su identidad y se siente extraño y en soledad; se vuelve un ser sometido y alienado por las circunstancias.

Conciencia significa estar plenamente presente frente a un fenómeno, con todos los sentidos puestos en él. No hay ningún elemento distractor a nuestra atención, fuera del hecho que tenemos en mente. Normalmente el individuo vive en un estado semi-dormido, inconsciente, pasivo. Cuando experimenta la conciencia participativa (del presente) es como un despertar y este solo hecho implica una transformación positiva en su vida.

De ahí, que estar presente en la vida no es más que estar consciente de ser y vivir en acción.

Desde hace un tiempo se ha venido planteando la necesidad de orientaciones por parte de los humanistas, que den respuesta a los problemas de la sociedad bajo los nuevos conocimientos y comprensión de la realidad. Lo anterior sugiere que, a pesar de todos los cambios que han tenido lugar en este fin de siglo, aún persisten problemas existenciales que no han sido resueltos con el avance de la ciencia.

De la comprensión del significado del humanismo se desprende que su destino es un proceso relacional de los individuos que integran la sociedad humana. Esta relación puede darse de diversas formas, que determinan a su vez, distintas formas de vida.

Así, una forma puede establecer una relación de dependencia y coacción, que inhibe la capacidad creativa del individuo, pasando este a vivir una vida alienada en que se transforma en otra persona alejada de sí misma y de los demás, encontrándose en la soledad, vacía de sentido.

Otra forma de vida se configura al vivir en referencia a una cultura dada, que lleva implícita la adopción de los modos, costumbres y formas de comportamiento a los integrantes de ella, sintiéndose apegados a sus prejuicios, dogmas, ideologías y convencionalismos.

Una tercera forma de vida se refleja en la participación de una estructura comunitaria. El individuo, siendo por naturaleza autónomo, debe de todos modos integrarse a la comunidad para descubrirse a sí mismo en y con los demás. Sólo no podrá saber quién es él. Cuando se relaciona, se descubre realmente quién es, convirtiéndose en uno con todos los demás en comunidad.

La cuarta forma de vida, el individuo la experimenta cuando se siente plenamente actor de la vida, participando en la acción realizada. Él toma las decisiones y es libre de sí mismo y de los demás. Es responsable de sus actos y sabe que solo él es arquitecto de su propio destino. Nadie lo hará por él, sólo él puede cambiar, por y para sí mismo.

La quinta forma de vida va más allá de su propia acción; trasciende su participación voluntaria. Es como una conciencia mística-cósmica en donde el individuo se desprende (desidentifica) de su egoísmo, llegando a percibir la vida como unidad de todas las cosas; desaparecen las fronteras entre lo que uno es y lo que no es; se integran las dicotomías; se difunden y descentralizan el poder y las jerarquías; se adopta un sentido ecológico hacia la naturaleza; no existen intensiones de provocar y competir, sino de cooperar y aceptar a los demás tal cual son, etc.

Las cinco formas reseñadas, generalmente se dan en la práctica, integradas en una sola forma de vida que tiene diversos matices de estas modalidades. A modo de facilitar la comprensión de estas formas de comportamiento, actitudes y valores en un sistema humanista de vida, se configuran en un modelo de transformación de la conciencia bajo la sigla CREAD, cuyas letras nos llevan a recordar el significado de cada forma de vida: C (coacción), R (referencia cultural), E (estructura comunitaria), A (actor-participante), D (desprendimiento-desidentificación).

Estas son, entonces, las orientaciones acerca de las diversas formas de vida a que puede acceder el individuo en su intento y búsqueda de la realidad y sentido de su vida. Aceptar una forma de vida es de su propia elección y responsabilidad. Sin embargo, comprender las diversas formas de vida le confiere la posibilidad y responsabilidad de elegir en conciencia el cambio de vida.

Ahora bien, llegar a producir un cambio en nuestra forma de vida requiere que primero descubramos la situación alienada en que vivimos. Transformar esta actitud, pasa por un proceso de olvidarse del pasado y futuro, redescubriendo el presente. Normalmente no somos conscientes de esta situación, pues estamos habituados a no percibir con nuestros sentidos la realidad del presente. Vivir, significa estar plenamente presentes en cada momento. Si volviéramos a ser niños, viviríamos totalmente la experiencia del presente.

Una vez descubierta la crisis en que estamos, esto mismo nos da la oportunidad de cambiar. Descubrir el presente es similar a enfrentarse a una crisis. Estas se manifiestan por la presencia en el presente de una queja del pasado o una expectativa negativa del futuro. Esto nos sugiere la idea de que las crisis son necesarias para darnos cuenta en el momento, de cómo estamos viviendo y servir como un medio para ir hacia el encuentro del Presente, es decir, un estado en que se trasciende la conciencia del pasado y del futuro para resolver los problemas.

Normalmente el individuo está viviendo en crisis al no estar plenamente presente. Superar las crisis pasa, entonces, necesariamente por un descubrimiento del presente.

Cuando se presenta una crisis, el individuo comienza literalmente a "viajar" por el tiempo en su imaginación, olvidándose del presente; se encuentra alienado o ajeno del presente; se percibe a sí mismo como un ser extraño y sólo en su crisis; establece fronteras con el mundo de los demás y por último, se aleja del encuentro consigo mismo.

Hasta el momento hemos visto que las crisis pareciera que se dan en la adultez, en donde se pierde la capacidad de percibir el presente. Ahora, cabe hacernos la pregunta: ¿Existe una crisis en la juventud?

Suele escucharse que los jóvenes de hoy no son como los de antes., como añorando viejos tiempos, cuando "ellos respetaban la autoridad de quienes dirigían su vida por el buen camino". En aquel entonces, los jóvenes aprendían a conocer las reglas de comportamiento que dictaban las buenas costumbres e ideologías de la época. El joven, desde la cuna hasta la tumba, era un sujeto cuya conducta era predecible su trayectoria bajo esas circunstancias, al punto de hasta elegirle la profesión, amistades, cónyuge, etc. Para él esta forma de vida era normal y toda la sociedad cooperaba en este sentido, manteniendo al joven en un estado latente de control y de temor hacia la autoridad paternal, escolar, laboral, etc.

Ahora bien, a la pregunta de si existe o no una crisis en la juventud, cuando vemos que ellos, en su lenguaje especial "no están ni ahí" con todo símbolo de autoridad y referencias culturales a las cuales no promulgan ningún acercamiento a ellas, nos asalta la duda de que tal vez, no será que los adultos mayores están fuera de época y aún pretenden conservar un paradigma obsoleto, sobrepasado por los nuevos adelantos y descubrimientos de la ciencia y de la naturaleza humana.

Con el avance de la ciencia y tecnología, especialmente de las comunicaciones, se ha tenido acceso a otras culturas con sus propias formas de vida. A su vez, los descubrimientos acerca de las potencialidades humanas, han puesto en duda los sistemas de educación y formación personal desarrollados hasta el momento. También la ciencia ha llegado a la conclusión de que no existe una realidad objetiva, sino que acepta la multiplicidad de realidades variables y subjetivas (puntos de vista) ligadas a un principio de incertidumbre. Todo esto y muchos otros alcances o descubrimientos han derivado en transformar la realidad a la cual estábamos acostumbrados. Se ha ampliado nuestro conocimiento, lo que induce a percibir, acceder y actuar en otras realidades.

El joven sabe (consciente o inconscientemente) que nadie puede dirigir su vida, sólo él es arquitecto y director de su propio destino. Acepta que existen muchas culturas que son tan reales como cualquiera de ellas. Ninguna puede ostentar la verdad única. De ahí que comienza a abrirse a otros pensamientos y sistemas de vida. La autoridad la percibe como un símbolo negativo para su expresión creadora. Quiere ser auténtico, sin máscaras y engaños o poses que percibe en los adultos. Acepta a los demás tal como son. Vive intensamente el momento presente, con todas sus emociones. De ahí la facilidad que tienen para olvidar los sinsabores de la vida y de no basar su accionar en la experiencia, sino en la espontaneidad de su creatividad y de la diversidad de sus ideas. La inocencia del joven le confiere una actitud de abrirse al mundo del conocimiento, que le faculta de valiosos recursos para una mejor percepción de la realidad. El futuro para él no es un problema al que deba prestar atención; ya llegará el momento para ello. Prefiere vivir productivamente bien el presente, de la mejor manera que sabe, con sus virtudes y defectos, No pretende hacerlo más allá de sus fuerzas y no busca encontrar una explicación filosófica, psicológica o sociológica de su comportamiento, sino que, no estando sujeto a ningún modelo o convencionalismo, cree que para vivir, solo se aprende viviendo y no siguiendo pautas o normas de comportamiento abstractas para él.

¿Podemos llamar a esto, una crisis de la juventud?

¿No será que la conciencia del joven intenta evolucionar, liberándose de las dependencias y coacciones de la sociedad?

¿O anda tras la búsqueda de una forma de vida que comparta en comunidad?

¿O que quiere ser libre y responsable de sí mismo?

¿O por último, que quiere trascender más allá de sí mismo?

Todas estas preguntas nos llevan hacia la búsqueda de una forma de vida que satisfaga plenamente nuestra visión del presente y del futuro de la humanidad. Intentar hacerlo, es nuestro desafío.

XI.   EL ÚLTIMO LIBRO DE CINCO PÁGINAS.

Y el abuelo le dice a su nieto:

-   Te voy a contar una historia…

Entonces recordé que hace un tiempo me encontraba con mi amigo Don Anónimo, o mejor D'ANÓNIMO, y me conversaba respecto del cambio, del cambio que ha tenido o tendrá lugar en el mundo y en las propias personas.

Lo más extraño para mí era la forma en como narraba los hechos que estaban ahora ocurriendo, pues para él era como si estuviera hablando de un remoto pasado y se encontrara en un lugar y tiempo muy lejano en el futuro del hombre. Así me hacía sentir como si estuviese en ese futuro y percibiera el mundo desde otra perspectiva espacio temporal.

Él señalaba que el cambio había comenzado...

- Ya que señalas que el mundo cambia y las personas están cambiando, ¿crees que tú has cambiado?... Quedó pensativo, seguramente para responderme luego...

Entonces, mi amigo D'ANONIMO, no quiso o no supo contestar esa pregunta que asaltaba mi mente, pues creo que trató de buscar una forma más sencilla y concisa para explicarme el cambio que había experimentado en su vida, pero no lo hizo en ese momento. Solo guardó silencio... y quedó sumido en sus pensamientos. Si yo pudiera penetrar en ellos, habría comprendido lo que estaba meditando.

Entonces me dijo:

-   Solo tú tienes que averiguar y buscar la respuesta, dentro de ti, en tu propio corazón.

Luego se fue y creí que ya no lo vería más. Ahora mi amigo, mi gran amigo D'ANONIMO, se iba solo, en la soledad de quién sabe dónde...

Pasado un tiempo de esa separación, comencé a buscar y rebuscar la respuesta en libros, tratando de aprehenderla y que ni siquiera mi amigo D'ANONIMO (así lo creía antes) me había dado una pista de cómo y dónde buscarla. Apesadumbrado y perdido en esta infructuosa búsqueda, decidí abandonar este proceso...Ya no buscaba más, ni iba a seguir buscando, pues estaba cansado de esa continua e interminable búsqueda. Incluso ya no sabía lo que buscaba. Por fin, después de recorrer innumerables librerías, tratando de calmar esta sed y ansiedad por encontrar algo que le diera respuesta al sentido de mi vida, ahora que abandonaba la búsqueda, por efecto de un milagro de sincronicidad, frente a mí, en esa vieja librería se encontraba un pequeño texto:

"EL ULTIMO LIBRO DE CINCO PAGINAS"

Entonces tomé el libro y comencé a leer su primera página:
El primer encuentro que percibimos, es que somos y vivimos en un mundo de cambio permanente, quizás para algunos cause desaliento y temor frente a la variabilidad e inseguridad que produce esta situación, por el hecho de estar obligado a tomar decisiones para resolver los nuevos problemas que se le presenten, y que para otros puede significar la oportunidad de ejercer toda la creatividad del ser humano para salvar los obstáculos a su desarrollo. Este proceso de continuo cambio, nos da también la esperanza de que todo puede cambiar y, así como podemos en un momento estar en una situación indeseada, el mecanismo de cambio de la propia vida, nos faculta para esperar nuevos estados de satisfacción personal; la ignorancia transformarse en sabiduría; la enfermedad en salud; la pobreza en riqueza; lo incorrecto en correcto; en otras palabras, producirse en nosotros un cambio de paradigma, un nuevo paradigma que transforma nuestra visión del mundo y nuestra actitud y forma de vida frente a ella.

Entonces comprendí que todo es un proceso; la salud es un proceso; la educación es un proceso; el trabajo es un proceso; incluso, la percepción de la realidad es un proceso... Y continué meditando...

- Después de leer y meditar la primera página, quedé intrigado acerca de qué podría encontrar en las siguientes hojas del Libro de Cinco Páginas. Entonces, comencé a leer su segunda página, y no la dejé hasta haberla terminado. Su contenido era más o menos el siguiente:

Otro encuentro es que también actuamos según un marco de referencia que generamos o aceptamos en nuestra mente, rigiendo y orientando todo nuestro comportamiento según estos conceptos paradigmáticos que modifican nuestra percepción, pensamientos y acciones que originan con ello un proceso de validación y aceptación de nuestro modelo y visión del mundo: un libro, un autor, una idea o sistema de pensamiento, tienen influencia en nosotros, mientras no incorporemos a nuestra mente nuevos conceptos o modelos de acción. Prácticamente, los paradigmas o "sistemas de sumisión", nos afectan directa o indirectamente a causa de nuestra conciencia asociativa-programada. Sin embargo, esta misma situación nos da la capacidad de alterar la "sumisión" paradigmática, pues basta modificar los conceptos autorreferenciales para percibir el mundo de otra forma, orientando nuestro comportamiento bajo un nuevo paradigma del Ser, aun cuando normalmente el individuo no intenta modificar los conceptos que actúan como dogmas o prejuicios que suprimen o dificultan su libertad o independencia. darse cuenta de este hecho es un factor importante que facilita el cambio, pues nos da la idea de que a pesar de que aparentemente el modelo adoptado en un momento pueda parecer correcto y adecuado, está, como toda proposición, sujeta a cambio de paradigma dados los nuevos descubrimientos de la conciencia del Ser. Nuevos puntos de referencia hacen percibir el mismo mundo desde otros puntos de vista que alteran, por ende, nuestro modo de actuar frente a él.

- A esta altura del Libro de Cinco Páginas, ya no podía dejar de leer y así prácticamente salté a la tercera página del texto:

Un encuentro más es, el darse cuenta de que uno mismo se realiza y transforma, solo si existe el encuentro con los demás, en una relación de carácter yo-tu; de involucrarse con el otro; de estar, ser y vivir en una comunidad auténtica; de percibir el mundo como una red inmensa de relaciones permanentes de seres humanos que buscan el logro de darse sinceramente lo máximo que puedan para los demás sin esperar recibir recompensa alguna por esa acción. Cuando se reúnen dos o más personas formando un grupo orientado hacia objetivos comunes, tradicionalmente se organizan estableciendo una estructura programática de acciones, cuya dirección queda en manos de un sistema jerárquico, rígidamente establecido que guíe las tareas y pasos a seguir en esta actividad. Por otra parte, en las comunidades tradicionales, se dan ciertas actitudes de sumisión conjuntamente a obstáculos externos que impiden, inhiben o limitan el crecimiento del individuo como persona.

Quien no haya experimentado los beneficios de una comunidad (la mayor parte del mundo), no sabe o no reconoce cual o cuales son las ventajas de vivir este proceso. Desconoce, por ejemplo, la forma creativa en que funciona una verdadera comunidad. Tampoco percibe el sentimiento que embarga a quienes participan de esta experiencia: tranquilidad y alegría de pertenecer a este grupo especial que funciona también de manera especial. Es con ellos con quien nos gustaría pasar la vida en este planeta. Aun siendo una comunidad una agrupación de individuos, no hay distinción ni predilección entre ellos, el amor se comparte por igual, se escucha a cada uno de ellos estimulándolos a que se expresen y activen su participación personal, haciendo que todos se sientan líderes. Tampoco se establecen reglas, estructuras ni tiempos que limiten la expresión creativa de los participantes, como un Centro de Conciencia. El Centro, no tiene organización, ni dirigentes y, sin embargo, se organiza y dirige "libremente" al emerger las capacidades internas del individuo. El Centro no fija objetivos específicos y sin embargo, sigue un camino predeterminado por la propia conciencia.

- Ahora, ya estaba terminando el Libro de Cinco Páginas. De su penúltima página, pude leer la importancia de nuestra participación en el cambio:

También, durante el proceso de la búsqueda, nos damos cuenta de que solo nosotros somos actores responsables de nuestro cambio, y que nadie puede transformarnos mediante instrucciones, mandatos u órdenes, factores externos que no son más que instrumentos de coacción que inhiben el proceso de desarrollo personal. De ahí que, nadie puede arrogarse el derecho a educarnos de tal o cual forma, sin nuestro consentimiento, aun cuando tenga el deber de educarnos si le hacemos partícipe de nuestro anhelo del conocimiento de nosotros mismos. Es por ello que el proceso de transformación personal es un estado que se produce en nuestro interior y no por efecto de un agente externo y todo el cambio experimentado en nuestra persona, solo se refleja en el mundo externo. Esto es consecuencia, que tanto la responsabilidad como los recursos para el cambio, son de nuestra propia naturaleza humana. Todo lo que "recibimos" externamente, ya lo teníamos en nuestro interior. Somos sujetos, objetos y partícipes del cambio.

Experimentar la expresión de libertad puede significar el trascender y adquirir un sentido de desprendimiento de los obstáculos que atentan al crecimiento personal y desarrollo de las potencialidades interiores del ser. Existen así, innumerables barreras, de variada índole, pero que en definitiva afectan de una u otra forma el grado de libertad del hombre, su proceso de transformación desde ser "objeto" y "sujeto", vivir como "persona" hasta convertirse plenamente en un "ser humano" en dirección hacia el "Ser Divino".

- Ahora sí que me encontraba al final del Libro de Cinco Páginas y me quedaba solo por leer la última parte de este "pequeño" texto:

El comienzo de una nueva era se vislumbra al momento en que se produzca la transformación personal y social desde una condición de percepción de las realidades múltiples, vistas como factores que contribuyen a fabricar fronteras entre "lo que uno es" y "lo que uno no es", hacia un estado de integración de estas dicotomías como una comprensión de lo que es efectivamente la realidad del Ser: UNO consigo mismo, con los demás y por último comprender que uno es UNO CON TODO lo que existe (o no existe).

SER UNO y ESTAR en UNO tiene implicancias en todos los ámbitos en que desarrolla sus actividades el hombre por el rol que le corresponde en su relación con el mundo.
Sin embargo, nada de esto se obtendrá si no se produce un renacimiento espiritual, una renuncia de viejos preceptos, dogmas y prejuicios que atentan contra la propia conciencia del hombre. Se debe recordar que el individuo ha sido, y es, el mayor enemigo de sí mismo y de su propia humanidad. Ha establecido una sociedad basada en principios limitantes a su creatividad y desarrollo de su conciencia: la avaricia y envidia de la propiedad privada, la idolatría del hombre por sí mismo, por los bienes que posee, por las instituciones a que pertenece, por los símbolos que venera, por las cosas que ama.

Si bien, SER UNO CON TODO puede ser solo un instante de iluminación, esta breve experiencia puede daros una comprensión de tu relación con el universo y, además, al volver al "mundo de la ilusión" de cada día, verás un cambio de actitud que esta visión mística produjo en ti, entonces ya no existirán fronteras ni temores, no te sentirás solo; harás lo mismo que hacías, pero ya no harás lo mismo que hacías; verás lo mismo que veías, pero ya no verás lo mismo que veías; y por último, comenzarás a percibir que el mundo comienza a cambiar, como si fluyera "el agua de la vida" de tu corazón reflejado en el corazón de los demás. Verás, en fin, el mismo mundo que veías antes de SER UNO, pero ya no será el mismo mundo. Entonces, te encontrarás, sin haberlo buscado, en el comienzo de una nueva era de paz y amor, llegando así a la comprensión del sentido de SER y VIVIR.

- Al finalizar la lectura del Libro de Cinco Páginas, estuve un momento reflexionando y allí comprendí a D'ANONIMO y el significado de la búsqueda.

Entonces comencé a rememorar de cómo había llegado donde estaba y de cómo había escapado de la soledad e ignorancia de sí mismo. Me encontraba sumido en todas estas divagaciones cuando de pronto apareció a mi lado D'ANONIMO por última vez, diciéndome:

- Todos estos cambios producen una transformación de la realidad y de la conciencia y llevan a la comprensión de que el hombre juega un rol fundamental en la evolución del Universo, pues participa en la finalidad de los cambios en el tiempo.

Lo último que hizo D'ANONIMO fue devolverme la misma pregunta que yo reiteradamente le había hecho durante todos mis encuentros con él. Entonces, me dijo:

- ¿Crees tú que he cambiado?

Y ahí comprendí todo: que D'ANONIMO y yo éramos lo mismo.

SEGUNDA PARTE:

EN EL REGRESO A LA CONCIENCIA

INTRODUCCIÓN

El comienzo de una nueva era se vislumbra al momento en que se produzca la transformación personal y social desde una condición de percepción de las realidades múltiples, vistas como factores que contribuyen a fabricar fronteras entre "lo que uno es" y "lo que uno no es", hacia un estado de integración de estas dicotomías como una comprensión de lo que es efectivamente la realidad del Ser: UNO consigo mismo, con los demás y por último comprender que uno es UNO CON TODO lo que existe (o no existe).

SER UNO y ESTAR en UNO tiene implicancias en todos los ámbitos en que desarrolla sus actividades el hombre por el rol que le corresponde en su relación con el mundo.

Sin embargo, nada de esto se obtendrá si no se produce un renacimiento espiritual, una renuncia de viejos preceptos, dogmas y prejuicios que atentan contra la propia conciencia del hombre. Se debe recordar que el individuo ha sido, y es, el mayor enemigo de sí mismo y de su propia humanidad. Ha establecido una sociedad basada en principios limitantes a su creatividad y desarrollo de su conciencia: la avaricia y envidia de la propiedad privada, la idolatría del hombre por sí mismo, por los bienes que posee, por las instituciones a que pertenece, por los símbolos que venera, por las cosas que ama.

Si bien, SER UNO CON TODO puede ser sólo un instante de iluminación, esta breve experiencia puede daros una comprensión de tu relación con el universo y, además, al volver al "mundo de la ilusión" de cada día, verás un cambio de actitud que esta visión mística produjo en ti, entonces ya no existirán fronteras ni temores, no te sentirás solo; harás lo mismo que hacías, pero ya no harás lo mismo que hacías; verás lo mismo que veías, pero ya no verás lo mismo que veías; y por último, comenzarás a percibir que el mundo comienza a cambiar, como si fluyera "el agua de la vida" de tu corazón reflejado en el corazón de los demás. Verás, en fin, el mismo mundo que veías antes de SER UNO, pero ya no será el mismo mundo. Entonces, te encontrarás, sin haberlo buscado, en el comienzo de una nueva era de paz y amor, llegando así a la comprensión del sentido de SER y VIVIR.

Lo anterior, es el trozo final del Último Libro de Cinco Páginas. Es como la vuelta recursiva hacia el punto inicial, donde se completa el círculo creativo de la Conciencia. Confluyen, como sostiene Wilber, la falacia pre-trans. El triángulo personal, prepersonal y transpersonal, se transforma en un fractal ad-infinitum, donde se desconoce el origen o causa primordial de la intencionalidad de la conciencia. Sólo somos partícipes de los efectos del proceso de autonomía.

¿Hacia dónde nos lleva este proceso recursivo o constructivista de la realidad?

El capítulo EN EL REGRESO A LA CONCIENCIA, nos entrega una visión y comprensión de la posibilidad de crear realidades alternativas, en un instante de conciencia, como sucede habitualmente con la conciencia ordinaria. Investigamos esta perspectiva, en el libro ESPACIOS DE LA MENTE que nos muestra las enormes repercusiones aplicadas en la forma de complementar la educación y salud en el cambio de paradigma y de lo importante del modelo de la realidad no ordinaria, que nos permite comprender que lo transpersonal, ya se encuentra presente en la conciencia ordinaria, sólo que está oculta. Satisfacer estas necesidades es el principal propósito de la trilogía que contiene todos los fundamentos, elementos, métodos y técnicas que llevarán al lector, si se lo propone, a alcanzar la trascendencia del espacio, del tiempo y de la identidad, que le permitirán conocer, comprender y experimentar su propia evolución espiritual. El capítulo EN EL REGRESO A LA CONCIENCIA tiene por finalidad completar y comprender el cambio en nuestro estado habitual de conciencia ordinaria, al volver al punto de partida de nuestra vivencia existencial.

La experiencia existencial nos va desplegando una historia que va produciendo efectos inmediatos y efectos posteriores en nuestra existencia. Este es el tema de esta parte de la trilogía de la conciencia que se toca (en el borde) acá, EN EL REGRESO A LA CONCIENCIA.

I. EFECTOS INMEDIATOS Y POSTERIORES A LA MEDITACIÓN

Alcances de la Meditación y Relajación

Para comenzar, haremos un resumen de los probables alcances con los que puede verse favorecido el participante durante o después del proceso de participar en un programa de meditación y relajación.

1. Primera vez es frecuente que cuando uno se relaje, se experimente algún recuerdo de períodos de la infancia.
2. A medida que se profundiza la meditación aparecen imágenes arquetípicas, como por ejemplo, túneles, sensaciones de flotar, etc.
3. Incremento en la creatividad, intuiciones y percepciones psíquicas.
4. Aumentos de la energía y mayor concentración.
5. Aprecio y sensibilidad ante la naturaleza.
6. Armonía y capacidad para emprender cualquier tarea.
7. Aumenta la eficiencia y productividad.
8. Incrementos en las defensas inmunológicas frente a las enfermedades.
9. Favorece las relaciones interpersonales.
10. Disminuye el estrés y la agresividad.
11. Enfrenta con mejor disposición los problemas cotidianos. (sentirse capaz de todo)
12. Evitar el insomnio y mayor descanso al dormir.
13. Relajación, tranquilidad, lucidez mental y control del estado físico.
14. Sabiduría, paz interior y aceptación de la realidad.
15. Más serenidad y menos impulsividad y aceptación ante situaciones tensas.
16. Aceptación de sí mismo, incluso en los aspectos más débiles.
17. Sentirse incorporado a cada una de las actividades y personas con las cuales interactúa.
18. Mayor confianza y valoración de sí mismo.
19. Mayor bienestar y mejora en la calidad de vida.

II. EFECTOS INMEDIATOS A LA MEDITACIÓN

Mientras se desarrolla un programa de meditación suelen ocurrir diversos efectos que perciben los integrantes de estos talleres. Al término del programa se les solicita que hagan una autoevaluación del proceso, que vivieron con el desarrollo de las técnicas. Las respuestas recopiladas fueron las siguientes:

"Siento cambios de ver muy claras las cosas que me rodean ahora. Hay un cambio muy positivo e integral en mi persona antes y después del curso; lo recomiendo mucho a todos los que están cansados y no muy cansados de esta vida".

"Me encantó aprender a relajarme sentada en una silla. La música ayuda y acompaña mucho. Como soy una persona de temperamento nervioso, inquieto, todo este tipo de técnicas me han servido mucho para relajarme. Las dos veces que asistí al taller, salí como nueva. Dejé el cansancio, las preocupaciones en el taller. Me explico, con la ayuda de la música aprendí a superar esta tensión a que estoy expuesta diariamente".

"Estoy contenta de haber asistido porque en todas las sesiones aprendí cosas que a pesar de la obviedad, no había tomado conciencia. Después de clases sentí gran paz y descanso. Despertó mi conciencia que yo puedo manejarla y obtener gran provecho de ello. Tomaré el hábito de relajarme y hacer los ejercicios diariamente, con lo que obtendré paz interior y relajamiento muscular. Fue un tiempo gastado en mí, para mí y quiero atesorarlo, ojalá otros puedan aprender también. Gracias".

"Fue una experiencia nueva y realmente me ha servido para sentirme bien; me ha servido para concentrarme más".

"Me costó mucho lograr la concentración puesto que no tenía experiencia en estos temas y a mí personalmente me cuesta, pero a pesar de todo, me sirvió bastante; tuve una imagen con mucha emoción, mucho agrado y mucho susto. Sí, lo recomendaría a otras personas; es muy bueno para aprender e iniciarse en la relajación y meditación".

"Lo encontré positivo; llevado a la vida personal me cambió el estado de ánimo, mi agresividad que tenía anterior, se desapareció, cosa que me llamó la atención porque la tensión se fue, los problemas me resbalaban, yo estaba positivo, y lo negativo no lo tomaba en cuenta; mi concentración es más óptima. Gracias".

"Siento la experiencia como algo muy positivo que me ha permitido creer en lo que no creía".

"Me pareció regia la experiencia de este taller, se aprende mucho a contactarse con su propio cuerpo y con la conciencia".

"Encuentro que estas sesiones (cuatro), se me hicieron muy cortas, ya que cada vez salí de ellas en paz, con mucha energía y fuerza".

"En general sentí que de alguna forma me relajé ya sea físicamente o mentalmente; algunas técnicas de alguna forma me ayudaron a sentirme bien y en paz".

"Ha sido una experiencia interesante que incentiva a practicarla para sentir esa paz que se logra con los ejercicios".

III.   EFECTOS POSTERIORES A LA MEDITACIÓN

Hemos visto que durante el desarrollo de un programa de meditación se obtienen diversas experiencias, que tienen importancia durante el momento en que se producen, pero creemos que lo más importante son los efectos posteriores a que pueda derivar el haber participado en estos talleres. Una forma de llevar a cabo este análisis fue consultando directamente a las personas que vivieron una experiencia de meditación, varios meses después de haber participado en estos programas. Para ello se les entregó la pregunta siguiente: "Con el propósito de obtener una visión más objetiva que permita perfeccionar los alcances de los talleres de meditación y relajación en los que participó, se hace necesario que usted describa, en lo posible, algunos efectos posteriores que usted crea que percibió y los atribuya al hecho de haber participado en el Programa de Meditación y Relajación".

Las respuestas de algunos participantes fueron las siguientes:

"Desperté mis percepciones del medio que me rodea. Me di cuenta de muchos detalles (ruidos, olores, etc.) que estaban y que están y que no percibía. Muchas veces también tomo conciencia que debo relajarme porque me siento en tensión. Cuando me siento dura, adquiero una postura relajada que también contribuye a mi bienestar".

"Con respecto a la pregunta, te puedo contar que la meditación me ha servido para relajarme; en particular la he practicado cuando me ha costado conciliar el sueño; me relajo, pienso en las técnicas que nos enseñaste, en especial la primera, y se me produce una sensación muy agradable".

"Bueno, para mí fue una experiencia nueva y hermosa, ya que mediante estos ejercicios de relajación pude conseguir un estado de paz interior que me permitió desconectarme del ajetreo y tensión diaria. Además a través de los ejercicios pude conectarme con mi imaginación y gratificarme con imágenes de fantasía y colores que contribuyeron también a este estado de tranquilidad. Por otro lado, uno siente que sus sentidos se agudizan, buscando estas sensaciones de bienestar".

"Algunos efectos percibidos, producto de la práctica de meditación son:

1.   Mayor capacidad de concentración.

145

2. Mejor descanso durante el sueño.
3. Mejor estado de ánimo.
4. Mayor productividad en las distintas actividades diarias y relaciones humanas, tanto familiares como de oficina.

La suma de todas estas variables han hecho que pueda disfrutar cabalmente de todas las cosas "simples" de que la vida está formada. Existen oportunidades en que estas cosas "simples" que yo llamo, pueden llegar a convertirse en verdaderos dramas si no se les da su correcta dimensión, y creo que la meditación ayuda al ser humano a "ver y apreciar" estos detalles en forma positiva y alentadora, lo cual hace recomendar estas técnicas a todo aquel que quiera mejorar su propio mundo interior".

"Estimado Omar:

En relación a lo requerido por ti, te comunico que mi experiencia con los talleres de relajación ha sido totalmente positiva. Yo había leído bastante sobre meditación y relajación, pero sólo al participar en tus talleres logré comprender cabalmente lo que esto significaba, pues antes me había sido totalmente imposible captar a través de la lectura en qué consistían y cuál era el sentido último de estas prácticas., lo que me impedía desconectarme ni por un instante del pensamiento y razonamiento constante, el que sólo suspendía cuando me quedaba dormida.

A través de tus talleres capté la experiencia del silencio interior, la relajación y la consiguiente conexión con el inconsciente y con la naturaleza que nos rodea, con excelentes resultados positivos en términos de paz, tranquilidad, lucidez mental y control de mi estado físico.

Con más conocimiento de causa y efecto, he continuado practicando el silencio interior y la relajación, lo que me ha significado afrontar la vida con menos tensiones y con más sabiduría y paz interior, disfrutando plenamente de cada momento en una serena aceptación de la realidad.

Mil gracias por todo, atentamente

(firma participante)"

"Posibles efectos:

1. Más serenidad y menos impulsividad y aceleración ante situaciones tensas.

146

2. Me siento más contenta conmigo misma, ya que me empecé a aceptar incluso en mis aspectos más débiles, al menos a no darle la importancia tremenda como hacía antes, y darme cuenta que aun reconociendo estos puntos débiles, nada me tendría que alejar de encontrar mi propio bienestar y la felicidad que anhelo ya que yo soy un ser único y especial por el sólo hecho de existir y vivir cada día tratando de ser una persona buena conmigo y con los demás.
3. Me siento mucho más incorporada a cada una de mis actividades, igualmente a todas las personas con las cuales interactúo.
4. Creo que todo esto se manifiesta en que voy alcanzando cada día una mayor confianza en mí, siento que las trabas y tropiezos que antes me parecían infranqueables, ahora siento que dependen de mí, de mi voluntad, el poder enfrentar y vencer las dificultades que anteriormente me parecían imposible de superar.

En general, siento que me valoro mucho más, que me siento capaz de "casi todo", y lo más importante es que todo esto me hace sentirme feliz y me da fuerzas para ir avanzando cada día más.

Por todo esto, agradezco haber asistido a este seminario, y lo más importante es que lo recomiendo a ojos cerrados a todo aquel que anhele mejorar su calidad de vida, ya que no solo nos ayudará a nosotros, sino también a todos los seres que están cerca nuestro.

(firma participante)"

"Debo dar las gracias sinceramente, por haber asistido a este curso; es indudable que a mí me ha servido mucho, fue como recorrer un camino hacia mi interior, buscarme a sí mismo, y fortalecer mucho más mis lazos afectivos a mi familia y a mis compañeros de trabajo. Mirar mi vida desde otro punto de vista, desde una meditación profunda, verme en mi interioridad, pasivo sin ataduras, despertar, ahora soy y me doy cuenta de mi seguridad ante mi vida, despreocuparme, de las cosas simples que me rodean, puedo confesar que ahora ni siquiera tengo deudas, así como limpié mis pensamientos, limpié mi estado económico, solo paso a paso. Vivo realmente feliz, y practico siempre mis ejercicios de relajación para tranquilizarme; para mí el apoyo de la naturaleza, las aguas de los manantiales, el mar, las nubes, los ojos de mis hijos, la sonrisa de mi mujer, el follaje de los árboles, las montañas, la vegetación nativa, las voces de las personas, los gestos, la oscuridad de la noche, el ver las estrellas, ver el amanecer, ver el atardecer, el sol fuerte, el frío de la tarde, el murmullo de las oraciones, rezo, el viento, la brisa, el olor del humo, el vapor de las ollas, el olor al campo. Todo esto tiene más valor para mí, son cosas simples, pero llenas de vida...recomiendo este curso, y continuar con los ejercicios, no bajar la guardia, perseverar, hasta lograr su objetivo hacerse un nuevo proyecto de vida, siempre es bueno recomenzar, volver a empezar, la vida es demasiado hermosa, abundante, tolerante, de libre albedrío, pero cuidado, es "breve", seamos felices.

Doy las gracias al profesor Omar Peña

Dios le guarde

(firma participante)"

Noviembre 1999

IV.   REFORZAMIENTO DEL CAMBIO

Uno de los problemas que se presenta, una vez terminada las sesiones del grupo de encuentro, es la de cómo conservar las actitudes positivas desarrolladas durante el proceso del mismo, pues sucede que, a medida que nos alejamos en el tiempo, se va produciendo en el individuo un olvido de las nuevas formas y actitudes de vida, experimentadas durante el desarrollo del evento o taller, volviendo a sus comportamientos erróneos habituales.

Considerando que pareciera ser muy importante asistir a estos grupos de encuentro, y percibir vivencialmente el cambio, es necesario reforzar de alguna forma tal aprendizaje. De ahí que, a pesar de no tener tantas ventajas como el asistir a estos encuentros, al efectuar la lectura de este texto, estaríamos rememorando el proceso sobre el cambio. Este es quizás, el propósito fundamental de este libro, el de ir facilitando y reforzando el cambio en un proceso continuo de ejercitación y control consciente de los pensamientos, la memoria, la focalización de la atención y de los sentimientos en la interacción personal. No significa esto que reemplace la dinámica de los grupos de encuentro, sino que sirve como un apoyo necesario cada cierto tiempo y en aquellas ocasiones en que nos sintamos un tanto desanimados, en los momentos de crisis. El virtual acercamiento a estos temas, puede ser el inicio del desprendimiento y aceptación de nuestros problemas, además de darnos la esperanza de resolver o al menos comprender las vicisitudes de la vida.

Por otra parte, además de recurrir directamente a las técnicas mencionadas en este libro, como una forma de aproximarse a la iniciación en meditación, existen factores fisiológicos y psicológicos que favorecen o dificultan el proceso de introspección necesaria para lograr una profundización en la búsqueda y viaje interior de nosotros mismos.

FACTORES DESFAVORABLES A LA MEDITACIÓN (I)

FACTORES FISIOLÓGICOS
1. Dietas ricas en proteínas. Carnes rojas, pollo, pescado, leche y derivados.
2. Leguminosas, porotos, alcohol, cigarro, café, azúcar.
3. Pan integral, chocolates, masas, helados y miel.
4. Medicación supresiva (relajante)
5. Actividades simples: lavar, asear, cortar leña, jardinear.

FACTORES PSICOLOGICOS
1. Prejuicios, preocupaciones y requerir explicaciones
2. Provocar sufrimiento o perjuicio a otros o a sí mismos
3. Tensión, conflictos internos, ansiedad, depresión
4. Aburrimiento, problemas, inseguridad
5. Sentirse observados, grabados, filmados (laboratorio)

FACTORES FAVORABLES A LA MEDITACIÓN (II)

FACTORES FISIOLÓGICOS
1. Ayuno o dieta vegetariana.
2. Reducción del alcohol, cigarro, café, azúcar.
3. Evitar la medicación supresiva (relajante)
4. Ejercicios corporales en contexto de introspección: danza, baile.

FACTORES PSICOLOGICOS
1-Amar sin intereses y no hacer daño a nadie
2. Lectura de temas espirituales
3. Interpretar los sueños y actividades de introspección
4. Participar en rituales con agua, fuego, aire y tierra
5. Expresiones artísticas: dibujo, escultura, canto, danza, música, cerámica y pintura
6. percepción de bellezas artísticas y naturales
7. Soledad y aislamiento voluntario
8. Actividades complejas de concentración: leer, escribir, conversar, Televisión, Filmes

9. Optimismo, seguridad en uno mismo
10. Interés, motivación, entusiasmo

11. Sentimientos de agrado y confortable

Ahora bien, hay que reconocer que la mejor forma de experimentar las ventajas de vivir el proceso de cambio se da en nuestra diaria existencia. No necesitamos esperar asistir a un grupo de encuentro para manifestar un cambio de actitud. Sólo en nuestro comportamiento habitual tenemos la oportunidad de expresar nuestra aceptación del cambio. Así, tenemos que responsabilizarnos de nosotros mismos y encontrarle un sentido a lo que hacemos o recibimos de los demás: en las instrucciones, en las lecturas, en las obligaciones y tareas, en nuestras reflexiones, en las interacciones de opiniones, etc. De ahí, podemos decir, que no existe ni existirá una cátedra de la vida y en ninguna escuela es posible que se enseñe a vivir de una determinada manera, sino que el aprendizaje de la vida se aprende en la "universidad" de la propia vida.

EPÍLOGO: LA PROFECÍA AUTOCUMPLIDA

Cuando se termina las dos partes de este libro, en este instante de conciencia, comprendemos que se derivan algunos alcances y advertencias, que es necesario tener en cuenta, antes de iniciarnos en las prácticas reseñadas en la tercera parte, el libro ESPACIOS DE LA MENTE. Para ello, recurriremos a ese excelente artículo del mismo nombre de Paul Watzlawick. En su "Profecía Autocumplida", él plantea que "aquí está el peligro", haciendo alusión a que el constructivismo conlleva a eficaces y nuevas terapias, pero puede involucrar abuso de ellas. De ahí, señala, que ya no seremos solo responsables de nosotros mismos sino de la construcción de realidades para otras personas. Toda la nueva "concepción personal de la realidad" nos llevará a plantearnos y "poner en tela de juicio la imagen del mundo de la ciencia". Sin embargo, queda una posibilidad de liberarnos de esta sumisión a una realidad externa. Aquí estamos hablando de las creencias, que hacen que las realidades construidas no tengan su influencia en nosotros, dándonos libertad de elección y, así trascender las realidades impuestas a nuestro comportamiento.

REFERENCIAS PRINCIPALES

Doore, G. (1993). El viaje del chamán. Barcelona: Kairós.

Ferguson, M. (1980). La conspiración de Acuario. Barcelona: Kairós.

Fontana, D. (1994). ¿Qué es la meditación? Argentina: Troquel.

Goleman, D. (2003). Emociones Destructivas. Barcelona: Kairós.

Grof, S. (1985). Psicología transpersonal. Barcelona: Kairós.

- (1993). Sabiduría antigua y ciencia moderna. Santiago de Chile: Cuatro Vientos.

Holling, R. (1985). Meditación Trascendental. Madrid: EDAF, Ediciones-Distribuciones S.A.

Leakey, R. (2000). El Origen de la Humanidad. Madrid: Editorial Debate S.A.

Leshan, L. (1990). Cómo Meditar. Argentina: Troquel.

McLuhan, M. & Powers, B.R. La aldea global. Barcelona: Gedisa.

Moody, R., Jr. (1997). Más sobre vida después de la vida. Madrid: Edaf.

Schumacher, E.F. (1983). Lo pequeño es hermoso. Argentina: Hyspamérica Ediciones Argentinas.

Peña, O. (2004). El Universo en un Instante de Conciencia. Santiago de Chile: Lom

Watzlawick, P. (1993). La realidad inventada. Barcelona: Editorial Gedisa.

Wesselman, H. (1998). Encuentros con el espíritu. Barcelona: Plaza & Janés.

White, J. (1990). La experiencia mística. Argentina: Troquel.

Wilber, K. (1989). La conciencia sin fronteras. Barcelona: Kairós.

www.ingramcontent.com/pod-product-compliance
Lightning Source LLC
Chambersburg PA
CBHW081352280526
45788CB00009B/2851